留学生汉语写作系列教材

GAOJI HANYU XIEZUO

LUNWEN XIEZUO

高级汉语写作

论文写作

高增霞◎编著

暨南大学出版社
JINAN UNIVERSITY PRESS

中国·广州

图书在版编目（CIP）数据

高级汉语写作：论文写作/高增霞编著．—广州：暨南大学出版社，2019.3（2024.7 重印）
ISBN 978 - 7 - 5668 - 2583 - 4

Ⅰ．①高…　　Ⅱ．①高…　　Ⅲ．①汉语—论文—写作—对外汉语教学—教材
Ⅳ．①H195.4

中国版本图书馆 CIP 数据核字（2019）第 041329 号

高级汉语写作：论文写作
GAOJI HANYU XIEZUO：LUNWEN XIEZUO
编著者：高增霞

出 版 人：阳　翼
责任编辑：姚晓莉
责任校对：邓丽藤
责任印制：周一丹　郑玉婷

出版发行：暨南大学出版社（511434）
电　　话：总编室（8620）31105261
　　　　　营销部（8620）37331682　37331689
传　　真：（8620）31105289（办公室）　　37331684（营销部）
网　　址：http：//www.jnupress.com
排　　版：广州市新晨文化发展有限公司
印　　刷：广东虎彩云印刷有限公司
开　　本：787mm×1092mm　1/16
印　　张：13.5
字　　数：198 千
版　　次：2019 年 3 月第 1 版
印　　次：2024 年 7 月第 2 次
定　　价：45.00 元

前　言

本教材与《高级汉语写作：应用文写作》是为高级阶段留学生提高汉语写作水平而编写的专门性写作教材，可供本科高年级、研究生论文写作课使用，也可以作为汉语论文写作入门参考书使用。

我们赞同论文写作教材仍然属于语言技能训练教材，以写作技能的提高为主要目的，因此，虽然教材中使用了多种专业领域的阅读材料，但是并不以专业术语的学习为目标，而是学习其中的写作方法、汉语特有的表达方式，即使是对某一专业领域材料的处理，侧重点也不在专业知识上，而在如何运用学术研究的思维方式、使用论文的写作框架进行分析和写作。

对于汉语学术论文写作而言，需要学生具备基本的科学研究素养，掌握基本的科研方法，具有相当的、规范的学术论文写作知识，熟练掌握文献查阅与整理的方法，此外，还要具备一定的书面语转换能力、概括说明能力，以及严谨论证能力。因此，本教材选取书面语、论文篇章、论文规范、科研过程四个维度进行训练，重点练习学术论文中常用的书面语词语和句式、论文各部分常用写作模块及观点展开、语体、引用和文献标注，重点训练使用比较法和调查法进行科学研究及论文写作。

本教材运用过程写作教学法循序渐进地指导学生分别用比较法和调查法完成两篇格式标准、至少 3 000 字的汉语论文，在具体实践中感受学术论文从选题，到查阅文献、搜集材料、整理并形成观点、写作、修改成文的全过程，在实践过程中将研究程序、研究规范、论文写作套路、写作规范从知识转化为能力，并从中提高、强化学术研究的逻辑思维能力。因此，"课后实践"是关于科学研究过程的训练，是论文写作训练的一个重要组成部分，建议教材使用者不可忽略。

　　本教材服务于教学时长为一个学期的论文写作课教学，在使用过程中，教师可以根据情况灵活选择使用练习题，尤其建议重视课后实践作业的落实，在课堂上多安排互动环节，或者安排专门的成果交流课堂。

　　本教材的编写基于本人多年的留学生（本科、研究生）写作课教学实践，在教学过程中，留学生积极配合练习，并且提出了许多中肯的建议，正所谓"教学相长"，本教材很多材料出自他们的习作，谨致谢忱！

　　最后特别感谢暨南大学出版社的姚晓莉女士，在本书的出版过程中付出了大量的精力和心血，提出了很多宝贵的修改意见和建议。

　　由于经验不足，水平有限，错误之处在所难免，恳请广大教师和读者在使用中提出宝贵意见和建议，以使该教材进一步提高和完善。

高增霞

2018 年 12 月

目 录
CONTENTS

第一课　认识学术论文

🏅 本课重点

1. 学术论文的特点
2. 科研中的比较法
3. 选题与论文题目撰写

📝 阅读讨论

下面两篇文章，一篇是学术论文，一篇是普通作文。请比较：学术论文与普通作文在形式、风格、结构上有何区别？

学术论文

英汉颜色词"red"与"红"文化内涵比较探析

吴石梅

摘　要：为了了解英汉颜色词"red"与"红"的文化内涵，本文从"共有的文化内涵""相反的文化内涵""独有的文化内涵"等几个方面进行了比较，分析了英汉颜色词"red"和"红"的相似与不同的文化内涵，以便更好地理解和运用。

关键词："red"；"红"；文化内涵；颜色词

色彩，在人们的生活中起着重要的作用，是人类感知世界的一个重要方面，也是人类最基本的认知范畴之一。而在人们的生活中，颜色词被广泛用于描述自然、表达情感等。众所周知，语言词汇是最明显的承载文化信息、反映人类社会生活的工具。英汉词汇的文化内涵极为丰富，但许多方面存在着不对应的现象。颜色词作为英汉词汇的重要部分，蕴含着丰富的文化内涵和延伸意义。随着社会的不断发展变化，这些表示颜色的基本词除了表示基本的词义外，也产生了许多不同的含义。笔者从以下几个方面对英语中的"red"和汉语中的"红"的文化内涵进行举例比较分析，以便更加明确颜色词"red"和"红"在英汉文化中的应用。

一、英语"red"和汉语"红"共有的文化内涵

1. 基本颜色描述：红色（reddish）

"红"在英语和汉语中，都可以用作一般颜色，在这种情况下两者是完全对应的，如："red wine"（红葡萄酒）、"redwood"（红杉）、"red flag"（红旗）、"red card"（红牌）、"red corpuscle"（红细胞）、"red light"（红灯）、"red ink"（红墨水）、"red head"（红发女子或红头发的人）、"a red neck tie"（红色领带）、"red soil"（红土）、"the Red Cross"（红十字会）等。一般来说，"红"和"red"用作基本颜色描述，基本不涉及引申义，两者意义是相通的，在翻译时，可以直接对译。

2. 喜庆和隆重（festival & grand）

在英语文化背景下的西方，圣诞节或其他重要节日，在日历上都是用红色标明，所以"red letter"的意思可以转译成"可纪念的、有纪念意义的、喜庆的"。如："a red letter day"（重大、重要的日子）、"It was a red-letter day in the history of Chinese revolution"（这是中国历史上值得纪念的日子）。汉语传统文化中"红"表示喜庆，在民间传统喜庆活动中要挂"红灯笼"；结婚要贴"红双喜"；参军要戴"大红花"；发请帖要用"红纸"；发压岁钱要用"红包"等。

西方国家的夜生活非常流行，"red"还可以用来指夜生活中的狂欢作乐、酗酒打闹，如："paint the town red"指人们因喜庆而去酒吧或夜总会狂欢痛饮，而不是"把全城染红"的意思。而汉语中常常把日子过得好叫"红红火火"，说"商店很红火"意思不是"商店着了火"而是"商店的生意很兴隆"。

英语里"red carpet"原为"红色的毯子"，还比喻为"隆重、尊敬"，如："We must give our guest the red-carpet treatment."（我们得隆重接待贵宾。）词组"roll out the red carpet for somebody"本意是"为某人展开红地毯"，引申意义为"隆重地欢迎某人"。如："He was the first European head of the state to visit their country, and they rolled out the red carpet for him."（他是第一个访问该国的欧洲首脑，他们用隆重的礼节来欢迎他。）中国人结婚或过春节等大型隆重的节日，也一般都穿红色的衣服表示庆祝。在典礼、欢迎仪式上也会有一个隆重的环节——"走红毯"。

3. 警戒和提醒（to warn & to mind）

从物理学角度看，可见光中穿透力最强的颜色是红色。因而在社会生活中，英汉词汇不约而同地选择"red"和"红"代表警戒或提醒。红色记号、红灯警示行人或车辆停止行走等；西方国家的"red mark""red light"与之相对应。red alert理解为汉语就是表示空袭或暴风雨来临时的"紧急警报"。如：The district was put on red alert during a terrorist bomb scare.（这个地区在受到恐怖主义者轰炸后作了应急准备。）

4. 热情和激烈（passion & intense）

从心理学角度看，红色还代表热情、激烈的意思。在这一表达方面，英汉词汇"red"和"红"也取得了一致和认同。表示热情方面，如：汉语中用"一颗红心"表示对事业充满热情，用"走红"表示受欢迎，用"红人"表示受欢迎、被喜欢的人。英语中red blooded也是充满活力的、情节丰富的意思。表示激烈方面,汉语中用"红脸"表示吵架、生气(如"妈妈一辈子没有和奶奶红过脸"),用"气得脸红脖子粗"表示非常生气的样子。英语里"red"也表示发怒、冒火,如:He often turns red with anger when called a queezed orange. (当别人骂他无能时他很气愤。) When they started criticizing my work, I really saw red. (当他们批评我的工作时,我真恼火。)

二、英语"red"和汉语"红"相反的文化内涵

1. 获利和亏损(profit & deficit)

在汉语中"红"多用来表达获利,如"红利",表示获得了"利润"。而在英语表达中"red"常用来表达亏损,如:in the red(亏损、负债)、red figure(赤字),与汉语"红"的意思刚好相反。如:My bank account is 60 dollars in the red. (我的银行账户有60美元的亏空。) We will soon be out of the red. (我们很快就会扭亏为盈。)

另外,在中国股市中,如果股市上涨,其涨幅和额度均以红色标示,"周一大盘大片飘红"意思是"周一的时候很多股票都在上涨";而在英语国家则用红色标示股市下跌。同样道理,出于对追求利润方面的心理认同,中国人民币百元面额纸币是红色的,而美钞则是绿色的,有时可用"green"代指美钞。

2. 华贵和低卑(stylish & low-down)

在汉英翻译的时候,有些地方的"红"不能译成与其相对应的英语颜色词,而要译成其他颜色词。如:贾宝玉品茶栊翠庵,刘姥姥醉卧怡红院(Jia Baoyu tastes some superior tea at Green Bower Hermitage, and Granny Liu samples the sleeping accomodation at Green Delights);贾宝玉神游太虚镜,警幻仙曲演红楼梦(Jia Baoyu visits the land of illusion, and the fairy Disenchantment performs the Dream of Golden Days)。

"怡红院"和"红楼梦"中的"红"均没有用"red"一词,而是分别译为"green"和"golden"。这是因为在汉语表达中"红"是一种华贵的象征,如:中国古代王侯用大红色涂门户,叫作"朱门"。而在英语表达中"red"有时却是身份地位低下的象征,如:red cap(在美国指车站搬运工)、red skin(北美洲印第安人的旧称)等。

三、英语"red"和汉语"红"独有的文化内涵

在汉语中,"红"还可以表示"嫉妒",例如"你不要眼红别人"意思是"你不要嫉妒别人";而这个意思在英语中则用"green",如:"green with envy"(十分嫉妒);"I was absolutely green when I saw his splendid new car."(当我看到他那辆漂亮的新汽车时,我非常眼红。)所以,汉语中的"眼红"译为英语应该是"green-eyed",如果译成"red-eyed",那就是大错特错了。

在英语中"红糖"不是"red sugar",而是"brown sugar";"红茶"不是"red tea"而是"black tea"。而汉语中的"又红又专"在英语中不能简单地翻译为"red and expert",而是"red and expert—both politically progressive and professionally expert";古诗"红豆生南国"中的"红豆",除了理解为"a red bean"外,还应该是"a red bean, which is a token of their love and remembrance"。

另外,汉语中一些含有"红"的词语在英语中也属词汇空缺,如:红眼病、红杏出墙等。因此,由于文化背景和生活习惯的不同,英汉在对颜色的感觉上存在描述差异,对于此类颜色词,翻译时要考虑其文化差异,加以意译。

四、结束语

英汉颜色词的特殊含义富含社会文化意义,引起人们丰富的联想,激发特殊情感。通过对英汉颜色词"red"与"红"的文化内涵比较,可以

更深刻地认识到这两个词的用法。通过比较分析英汉颜色词"red"与"红"的文化内涵，明晰其相似点与差异之处，有助于消除跨文化交际中存在的一些障碍以及误解，保障跨文化交际的顺利进行。

参考文献

1. 罗文翠. 颜色词之文化内涵的汉英对比研究[J]. 山东师范大学外国语学院学报，2003(1)：104 – 107.

2. 王玉英. 英汉民族颜色词的文化内涵[J]. 浙江树人大学学报，2002，2(6)：53 – 55.

3. 肖青竹，王心洁，陈潇. 论英汉颜色词的文化内涵和翻译[J]. 吉林师范大学学报（人文社会科学版），2004(8)：85 – 86.

（原文载于《鸡西大学学报》2009 年第 4 期，有改动）

普通作文

中国红

梁　映

你是中华大地上傲然腾飞的巨龙，世人为之惊叹的美妙绝伦，庄重而不失亲和，尊贵而不失朴质。爱你，中国！爱你那经过五千年沉淀起伏的神州大地，更爱你那装点了千千万万勃勃生机的中国红！

自古以来，国人便钟爱于红色。无论是盛世大唐的绫罗绸缎，还是天安门前的朱色城墙，无不显示着中国的大气之美。她，从不慌乱，坦然面对大千世界，这就是中国，一片华丽的红。

红是一种胸襟，一种风范，她显示着雍容华贵，显示着博大豪迈的气质与胸怀，更寓示着中国人乐观与积极向上的态度。还记得一句经典的广告词："我偏爱红色，特别是中国红。"中国红仿佛具有某种神奇的魔力，让人无法抗拒。它吸纳了朝阳最富有生命力的元素，采撷了晚霞最绚丽迷人的光芒，蒸腾着熊熊烈火的极温，凝聚着血液最浓稠活跃的成分，揉进了相思红豆最细腻的情感，浸染了枫叶最成熟的晚秋意象……

每逢辞旧迎新，红炮乍响，那腾空而起的红色寄托着人们的期盼与希望，祈福于新的一年。是红，使掀开红头巾回眸一笑的新娘倾国倾城；是红，使背井离乡的士兵在战火硝烟中也不禁回荡起对嫣然桃花三月天故乡的思念。

回首浩荡战争岁月，战士们不顾个人安危，誓死前线，又何不显示着"红"的精神！那被战士们浸染的红旗，激励着国人团结一心，守卫祖国，这就是中国，一片奋斗的红。

2008 年的北京，聚集了全世界的目光，它海纳百川，从容不迫地迎接所有从远方而来的宾朋，那一双双陌生的眼睛，在茫茫京城人海中闪烁着急切的光芒。"需要帮助吗？"戴着红袖章的中国人走来了，他们解决了人们初来乍到的困惑，不求回报，只是在他人的回忆中深深地留下了一片热情的红色。那一刻，聚集了红中国结、红鞭炮、红袖章、红旗的红中国成了一片红色的欢乐海洋。

红，热情似火，华贵如绸，慷慨如歌，博大似海。这正是中国，点燃激情，放飞梦想，升腾着希望的红中国！

（文章来源：公文易作文网，http：//www.govyi.com，有改动）

一、学术论文的特点

学术论文，是对某一科学领域的现象或问题进行研究后对研究成果进行描述的文章，具有科学性、学术性、创新性、学理性特征。

作为一种独特的体裁，论文首先具有科学性，在立论上必须从客观实际出发，不得带有个人好恶的偏见，不能主观臆测。在论据上，必须尽可能多地占有资料，进行严谨的论证。

学术性指的是论文的内容具有专业性。

创新性指的是论文写作要求写作者运用批判性思维，经过严谨、周密的逻辑论证，提出并证明个人的创见。学术论文应提供新的科技信息，不能重复、抄袭前人的工作。

学理性指的是在论文撰写的过程中，作者首先围绕选题搜集相关资料与文献，利用分析比较的研究方法，从中归纳出结论，同时强调文献佐证和数据分析的重要性。

学术论文在内容上是对所进行的研究情况及结果的介绍、论证、说明，因此在风格上，表现为客观、理智、科学，力求摈弃主观，讲究证据，运用逻辑思维进行独立的分析思考。

从结构上看，学术论文一般包括：题目、摘要、关键词、正文（引言/绪论、本论、结语/结论）、参考文献。从篇幅上看，期刊学术论文一般在 3 000 字以上。学士学位论文（本科毕业论文）一般 8 000 字左右，硕士学位论文（硕士研究生毕业论文）一般 1.5 万～3 万字。博士学位论文（博士研究生毕业论文）一般 3 万～5 万字。

汉语学术论文采用简洁的、正式的书面语体，一般来说，常常避免运用以下语言形式：

（1）口语表达。例如："还有，我还觉得另一个作者也有问题。"中的"还有""我""觉得"这样的表达都是应该避免的。这句话在论文中可以说成："我们认为某某（2018）的观点也值得商榷。"

（2）强烈的主观情绪表达。在语言风格上，论文的基调是客观，尽量避免在行文中表达或流露出强烈的爱憎喜恶，不能随意夸大、渲染。例如"红，热情似火，华贵如绸，慷慨如歌，博大似海"这样的表达就不是论文的表述风格。

练习 1

除了上面材料里的散文《中国红》，你还接触过读后感、游记、日记、新闻报道、消息、电影解说、书信、广告中的哪一种或哪几种文体？对照第一篇文章《英汉颜色词"red"与"红"文化内涵比较探析》，说说学术论文与这些文体有什么区别？

练习 2

对比上面两篇阅读文章，并与同学讨论学术论文与普通议论文的区别。请归纳概括，并写成一篇小文章。

二、科研中的比较法

阅读材料《英汉颜色词"red"与"红"文化内涵比较探析》运用了比较的方法进行研究。比较法是科学研究中常用的一种研究方法，是将两个或两个以上有联系的事物加以对照，以说明它们在某些方面的相似或差异及其原因的研究方法。其核心就是比较，找出相同点和不同点。例如：

《中韩牛郎织女传说的比较》："牛郎织女"的传说在中国和韩国都是流传比较广的民间故事，其内容大致相同，但是故事的发展过程、人物形象的设定等方面却有区别，通过分析这些区别，可以找到底层的民族文化心理方面的原因。

《日本小说中猫和狗的形象比较》："猫"和"狗"是日本小说中比较常见的动物形象，但是传统文化心理上对二者不同的刻板印象，影响了这些动物在中国小说中的形象设定。论文通过梳理几部日本小说中"猫"和"狗"的形象，对这种形象设定进行比较分析，非常有意思。

《近十年女性择偶条件的变化》：这篇文章通过分析十年中报纸上女性的征婚启事，比较分析不同年代女性在择偶条件上的相同点和不同点，从而揭示社会生活变化对女性择偶观的影响。

运用比较的研究方法，要注意研究对象的同一性、可比性。同一性指的是进行比较研究的对象必须是同一范畴、同一标准、同一类事物，否则就不可以比较。

可比性是指被比较的对象之间具有一定的内在联系，具有某些本质上而不是表面上的共性。为了保证可比性，必须注意概念的统一。

一般可分为五步：确定比较什么、确定比较的标准、收集和整理资料、比较分析、得出结论。

练习 3

阅读文章《英汉颜色词"red"与"红"文化内涵比较探析》，概括出这篇文章的主要观点，并列出这篇文章的大纲。思考：运用比较法的论文，结构可以怎么安排？

三、选题与论文题目撰写

科学研究的过程就是发现问题、提出问题、分析问题、解决问题的过程。发现问题、提出问题的过程就是选题过程。选题是科学研究的第一步，也是特别重要的一个环节。选题在学术论文写作中具有头等重要的意义。只有有意义的研究才能获得好的结果。

在选题的时候，一般首先确定一个研究方向，即本专业一个比较宽泛的领域，比如汉语言专业的语法研究、偏误研究、教材研究、翻译研究等；文学专业的当代文学作品研究、两个（或更多）国家的文学比较研究等；新闻专业的新媒体传播手段研究、不同时期的风格研究等；国际关系专业的地缘政治研究、政策发展研究等。

在感兴趣的研究方向中，进一步缩小范围，确定一个具有操作性、可行性的论题。然后根据论题拟定论文题目。

选题的原则是：选题有科学性，有利于展开。选题中容易出现的问题是选题过于宽泛，也就是选题太大了。对于刚入门的学者，一般建议"小题大做"，也就是尽量选择具体的小问题进行研究。

样例1：

　　研究方向：教材研究

　　缩小范围：初级对外汉语教材研究

　　论文题目：《发展汉语·初级综合Ⅰ》练习题型研究

样例2：

　　研究方向：电影研究

　　缩小范围：中韩两国的警匪片比较

　　论文题目：电影《无间道1》和《신세계》（《新世界》）中卧底警察形象比较

样例3：

　　研究方向：中俄关系

　　缩小范围：宗教在两国关系中的作用

　　论文题目：东正教在中俄文化交流中的作用

选题在论文写作上直接体现为论文题目的拟定。

论文的题目又叫"题名""标题",是用最恰当、最简明的词语来反映论文中最重要的特定内容。其形式一般有"关于……的研究""论……""……探析"等,或者以研究方法命名,如"……比较""关于……的调查""……调查研究"等,或者直接写明论文的研究对象。论文题目的拟定,一般要求:准确得体、简短精练、醒目。

论文的题目一般有两种常用的写法:一是说明研究话题,二是说明研究观点。前者如:"近十年来青年人择偶观念的变化""荒原女儿与草原女儿的命运比较";后者如:"汉语论文写作教材建设亟须加强""高校图书馆应重视对民国文献的保护和利用"。

论文题目必须能准确地表达论文内容,恰当反映研究的范围和深度。不可过于笼统,题不扣文,含混不清;过长(超过 22 个汉字)、过于烦琐也要尽量避免。

常见的论文题目写作格式:

关于……的研究

论……

……探析/刍议/分析

……比较/对比(研究)

关于……的调查

……调查研究

练习 4

小王要做一个课程论文,他选了几个研究领域,确定了几个标题,请你帮他分析一下这些标题是否合适。

（1）中韩网络聊天语言比较研究

（2）中国网络管理法规的发展

（3）《新实用汉语课本》教材研究

（4）美国与日本管理形式比较

（5）红楼梦

课后实践：选择比较课题

争取在 7 周内完成一篇至少 3 000 字的学术论文，内容应包括：论文题目、引言、论证过程、结语、参考文献。建议使用比较的方法进行研究。

小论文第一步：选择一个研究课题。

推荐选题：生活里充满着神话，一花一草，一山一水，都有各自的神话故事。神话中蕴含着丰富的文化内涵，表现了人们对生活的这个世界最本源的认识。不同的文化、不同的视角、不同的地理、不同的历史和社会变迁，都影响了神话故事的面貌。同一个事物在不同的国家、不同的民族有不同的故事，比较比较，不是很有意思吗？

下面是几个该选题的例子，供参考：

宙斯与盘古：中西创世神话之比较

中希神话中蛇意象的对比研究

镜子的神话分析

鄂伦春族的射日神话

中韩民间故事里老虎形象比较

第二课　引言写作1

本课重点

1. 书面语训练：本、其、该
2. 引言中的释题
3. 文献检索与整理

阅读讨论

下面这段文字是论文《宙斯与盘古：中西创世神话之比较》的开头段。阅读这段话，想一想：

（1）第一段的这几句话分别是什么意思？有什么联系？

（2）观察开头段和题目，分析开头段的写作方法。

宙斯与盘古：中西创世神话之比较

李　艺

创世神话是神话的重要组成部分，是原始人类对开天辟地、万物生成及人类起源的一种浪漫而又严肃的思考。其中包含了人们的价值取向、行为标准和道德风俗等民族意识内容，它必然对后世文化心理、思维方式以及行为习惯等产生巨大的影响。因此，中西创世神话的比较研究对于理解中西民族意识之差异、促进彼此理解与尊重、减少隔阂与误解具有积极意义。本文拟就中国各民族的创世神话与西方创世神话进行比较，试图管窥造成中西民族性格、宗教思维及文化心理差异的影响根源。

[原文载于《广西民族学院学报（哲学社会科学版）》2001年第6期]

一、书面语训练：本、其、该

"本""其""该"都是书面语中常用的代词，"本"常用来修饰属于自己的事物，例如在介绍自己或自己的文章时说："本人来自上海""本文一共有三个部分"。"其"相当于"他/她/它（的）"，可以单独使用，也可以作定语，如"使其更加突出""其风格得到显现"。"该"常用来做定语，相当于"这（＋量词）"，如"该书"意思是"这本书"，"该论点"意思是"这个观点"。

练习 1

使用"本""其""该"填空。

（1）_____人 2017 年毕业于中国人民大学。_____校位于北京市海淀区。

（2）《中国神话传说》对神话的起源和发展进行了探讨。_____文指出，神话起源于劳动，是与现实生活紧密相关的。对于这一观点，我们有一点不同意见，_____文将从三个方面具体说明。

（3）袁珂先生一生致力于中国神话与民间传说的整理与研究工作，_____于 1950 年出版的《中国古代神话》是第一部系统的中国古代神话专著，现在我们看到的《中国神话故事》就是在_____（/_____书）基础上增补修订而成的。

二、引言写作：释题

引言，又叫绪论、绪言、序言、前言、导论等，是一篇学术论文的开场白。对于一篇学术论文而言，引言部分是对研究工作的简明、概括的说明，使读者鸟瞰全文，在正式阅读论文前对整个研究工作的研究背景、主要解决的问题、研究范围、研究方法，及预期达到的目标、贡献或意义，有一个比较全面、简单的认识。因此，引言部分常常包括以下内容：研究背景或动机、研究目的、已有研究、研究的主要问题、研究范围、研究意义、研究方法、章节安排等。当然作者可以根据内容有所取舍。

在开头段落，一个常见的写作方法是对研究的话题进行说明解释，即"释题"。尤其是当题目中出现术语的时候。释题常常采用下定义的方法。

释题的时候，可以直接从题目中的关键词入手，也可以从其上位概念或背景信息入手。样例1的论文题目中出现了"创世神话"这个术语，所以文章一开头就对这个术语进行解释，同时也对这个论题的研究背景、研究价值或研究意义进行介绍和说明。而样例2就是从上位概念或者背景信息入手，解释其重要性，但需注意，背景信息不能绕太远。

样例1

宙斯与盘古：中西 创世神话 之比较

李 艺

①创世神话 是神话的重要组成部分，是原始人类对开天辟地、万物生成及人类起源的一种浪漫而又严肃的思考。②其中包含了人们的价值取向、行为标准和道德风俗等民族意识内容，它必然对后世文化心理、思维方式以及行为习惯等产生巨大的影响。③因此，中西创世神话的比较研究对于理解中西民族意识之差异、促进彼此理解与尊重、减少隔阂与误解具有积极意义。④本文拟就中国各民族的创世神话与西方创世神话进行比较，试图管窥造成中西民族性格、宗教思维及文化心理差异的影响根源。

①下定义，解释题目关键词。
②解释意义。

③解释本选题的重要性。

④打算或设计。

样例2

英汉 颜色词 "red"与"红"文化内涵比较探析

吴石梅

①色彩，在人们的生活中起着重要的作用，是人类感知世界的一个重要方面，也是人类最基本的认知范畴之一。而在人们生活中，颜色词被广泛用于描述自然、表达情感等。②众所周知，语言词汇是最明显的承载文化信息、反映人类社会生活的工具。英汉词汇的文化内涵极为丰富，但许多方面存在着不对应现象，颜色词作为英汉词汇的重要部分，蕴含着丰富的文化内涵和延伸意义。③随着社会的不断发展变化，这些表示颜色的基本词除了表示基本的词义外，也产生了许多不同的含义。④笔者从以下几个方面对英语中"red"和汉语中的"红"的文化内涵进行举例比较分析，以便更加明确颜色词"red"和"红"在英汉文化中的应用。

① 从"颜色"的上位概念引出。

② 从"词"的上位概念引出。

③解释本选题的重要性。

④ 打算或设计。

释题时，一般采用的句式是：

……是／即……

（所谓）……，指的是……

在释题时说明该问题重要性时常用的语块有：

近年来，……问题引起人们的广泛关注

随着……，……已经成为一个重要问题/引起人们广泛关注

……是……的一个重要组成部分

在……中起着非常重要的作用

极大影响了……

对……产生巨大影响

……的研究对于……具有积极意义

蕴含着丰富的……

可大大开阔人们的视野

有利于……

……是有效途径

练习 2

分析下面两篇文章的标题和开头第一句话，说说为什么正文第一句话要这样写？

趣谈红色

柏　英

　　红色在人类生活中历来起着重要的作用，因此所有语言中都有许多表示"红色"概念的词也就不足为奇。在俄罗斯的历史文化传统中，红色最为流行，人们大都喜欢穿红色的衣服：上至王宫贵族，下至黎民百姓，包括神职人员。在俄语中，表示红色的词在表示色彩的词中是数量最多的。

十五年来中国女性择偶标准的变化

钱铭怡 王易平 章晓云 朱 松

择偶标准是指男女两性选择结婚对象的条件和要求。不同的社会、不同的社会时期择偶的过程都是不同的。有人将择偶过程比作市场运作过程，每个人依据自己的价值标准在婚姻市场中进行讨价还价。社会、文化、个人以及一些人口学因素都会影响择偶过程，同时家人、朋友、社区等也可能对个体的择偶过程产生压力和限制。

练习 3

根据文章的标题，说说下面两个引言第一句话为什么写得不好？可以怎么改？

（1）　　　　　　　**中韩英警示语比较**

公示语的一个种类叫做警示语，它是处于公开状态且呈现在大众面前，以实现某种警示或者禁令为目的的特殊公文文体。

（2）**电影《无间道1》和《신세계》(《新世界》) 中卧底警察形象比较**

看电影是人们最喜欢的娱乐方式之一。警匪片尤其受欢迎。这两年最热的电影应该就是《无间道1》了，在韩国也有这样的电影，比如《신세계》(《新世界》)。

练习 4

给下面的句子排序，以形成连贯的段落。

（1）《中希神话中蛇意象的对比研究》

A. 本文将尝试对中希两种古代神话中的蛇意象进行比较分析。

B. 华夏文明和希伯来文明（或称犹太文化）是世界上极具影响力的两大古文明。

C. 蛇作为两种神话共同涉及的动物，其意象既有相似性，也有较为明显的差别。

D. 两种文明的神话，也因其不同的文化特点和民族历史，展现出了不同的特点。

正确的顺序是：＿＿＿＿＿＿＿＿＿＿＿＿＿＿＿＿

（2）《英汉语强调方式的对比分析》

A. 英语、汉语尽管属于不同的语言形态，但都存在强调的语言现象，其强调手段也各有异同。

B. 语言是人们用来交流思想和表达感情的重要工具。

C. 强调（Emphasis），是人们在说话或写文章时，为了表达自己的意愿或情感而利用某种手段来突出句子中的某一部分，使其显得更加重要的一种方法。

D. 在表情达意、交流思想的过程中，说话人为了突出意旨、传达强烈的情感态度，或者使谈话及文章更富有感染力，常通过特定的方式方法进行强调，从而造成一种语言生动、情调浓烈的效果，使听者或读者能更快捷、深刻地理解和掌握交流的信息。

E. 强调的手段很多，包括语音手段、词汇手段、语法手段、修辞手段、排印手段等。

F. 本文主要从词汇、语法、修辞等几方面对英语、汉语的强调方式的异同进行对比分析。

正确的顺序是：＿＿＿＿＿＿＿＿＿＿＿＿＿＿＿＿

练习 5

你觉得下面这些题目应该怎么开头？试着选择一个题目写一个开头。

（1）中韩牛郎织女故事比较

（2）"不太"和"不大"比较

（3）南京东路商业步行街消费者行为变化研究——2001 年与 2007 年的比较

三、文献检索与整理

文献，即前人公开发表的科研成果。优秀的文献查找、管理及阅读能力，是每一位科研人员必备的重要的基本素养。查阅文献贯穿科学研究的全过程，很多问题都是在阅读文献的过程中发现的。在发现问题后，为了确定这个题目是否有研究价值，也需要查阅相关文献，看目前的研究是否已经解决了这个问题。如果自己的研究能力无法超越已有的研究成果，就说明这个选题没有进一步研究的必要。在分析问题、解决问题的过程中，仍然需要查阅大量文献，一方面是运用已有的研究成果支持、论述自己的观点；另一方面是用自己的研究去验证已有的某个观点，或者去推翻已有的某个观点。

要充分利用现有的图书情报资料和网络资源进行文献检索。可以借鉴一些专门的数据库，例如：

中国知网（包括中国期刊全文数据库、中国博士/硕士学位论文数据库等多个数据库）：http：//www. cnki. net

维普数据库：http：www. cqvip. com

万方数据库：http：//www. wanfangdata. com. cn

读秀知识库：http：//www. duxiu. com

超星电子图书：http：//www. sslibrary. com

　　还可以使用学术搜索引擎，如：google 学术搜索（http：//scholar. google. com）、百度学术（http：//xueshu. baidu. com）等。在阅读文献的过程中，也可以利用"从文献到文献"的方法补充搜集文献，即根据所阅读文献的"参考文献"部分去查找缺漏文献。

　　搜索文献，要尽可能全、新、权威。"全"指的是全面，尽量不要遗漏重要文献，尤其是不能只搜索期刊文章，而忽略了专著、论文集等文献类型的查阅。"新"指的是要找到反映该问题的最新研究成果。"权威"指的是尽量选择该研究领域具有权威性的作者、期刊、出版社发表的研究成果，以保证资料的专业性和权威性。

　　初步浏览检索到的文献，可以从中筛选出对自己的研究有用的文献，并及时整理出参考文献。参考文献一般按作者的音序排列，也可以按照在文中出现的先后顺序排列。例如《英汉颜色词"red"与"红"文化内涵比较探析》的参考文献：

参考文献

　　1. 罗文翠. 颜色词之文化内涵的汉英对比研究[J]. 山东师范大学外国语学院学报，2003(1)：104 – 107.

　　2. 王玉英. 英汉民族颜色词的文化内涵[J]. 浙江树人大学学报，2002，2（6）：53 – 55.

　　3. 肖青竹，王心洁，陈潇. 论英汉颜色词的文化内涵和翻译[J]. 吉林师范大学学报（人文社会科学版），2004(8)：85 – 86.

　　参考的三篇文献都是发表在学术期刊上的文章，称为期刊论文，可以通过[J] 标识出来。期刊论文文献信息的基本写作模式是：

姓名. 文章名[J]. 期刊名，年，卷(期)：开始页码 – 结束页码.

编写参考文献时所收集的重要信息，一般有：姓名、文章名或书名、发表信息（如发表的期刊名、哪一年的第几期，或者哪个出版社哪年出版）、起止页码。例如，下面这个图片是一篇文章，相关信息在顶端可以找到，有的文章的相关信息，也可能出现在文章底部。

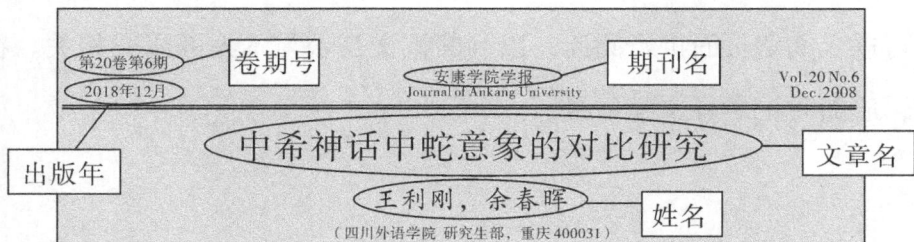

根据图片上的信息，可以把这篇文章的文献信息著录如下：

王利刚，余春晖．中希神话中蛇意象的对比研究[J]．安康学院学报，2008，20（6）．

练习 6

请写出上文所出现的两篇期刊论文：《英汉颜色词"red"与"红"文化内涵比较探析》和《宙斯与盘古：中西创世神话之比较》的文献信息，并按作者姓名的音序排列。

课后实践：查找文献和资料

小论文第二步：根据所选的感兴趣的研究课题，查找、阅读文献资料，并整理出自己的"参考文献"。

注意：以汉语写作的学位论文，"参考文献"可以包括所有研究过程中看到的文献，因此一些没有在论文中引用到的文献也可以出现在"参考文献"

中。各参考文献信息按照作者姓名的音序排列，中文文献在前，外文文献在后。但是期刊论文的"参考文献"一般只列出文章中使用到的，所以经常按照在文章中出现的顺序排列。

在查找文献的时候，例如利用"中国期刊网"进行搜索，输入关键词搜索后，可先浏览标题，进行初步筛查；然后点击题目，浏览摘要信息，进一步筛查；再进入文章页面进行阅读，以判断该文是否与本人的研究相关。在阅读过程中，应随时记录好文献信息。

第三课　引言写作2

本课重点

1. 书面语训练：则、尚
2. 文献的指称与引用
3. 引言中的研究现状综述

阅读讨论

（1）下面例文的开头段，大部分内容都在介绍相关研究，为什么要做这个工作？

（2）前面学习过期刊论文的文献信息写作格式，通过例文的"参考文献"，请总结一下专著和论文集的文献信息应该怎么写？与期刊论文的写作方式有何不同？

汉语言本科专业留学生论文写作指导课课程设置浅议

陈淑梅

随着攻读学位的留学生数量的稳步增长，留学生毕业论文写作已成为一个不容忽视的问题。目前，在中高级阶段的对外汉语教学中，写作课已成为常规课程，这方面的教材以及研究论文都已经不少。但关于汉语言本科专业留学生的毕业论文写作课程，相关的研究却非常有限。除了对毕业论文选题的统计分析外，亓华（2006）指出了写作中存在的论文规范、整体结构、语言表达等方面的问题，提出开设毕业论文写作必修课等措施。仇鑫奕（2009）提出为四年级学生开设专门的论文写作课，认为该课内容应该包括：范文导读，论文写作步骤分解，结合学生实际选题进行的单项步骤的操作实验，阶段性成果展示，讲评等五部分。不过他们都未进一步说明该课程应该包括哪些具体内容。罗青松（2002）提出围绕论文写作安排任务项目，并介绍了论点摘录、做读书笔记、写小评论等训练项目，但并未提及如何在课堂上就毕业论文的各个部分进行指导和训练。

在指导留学生毕业论文方面，各校普遍的做法是将留学生分配给老师单独指导，有的学校会开一两次相关的讲座。近年来，一些学校陆续开始为本科阶段的留学生开设毕业论文写作指导课程，如中国人民大学、上海交通大学、浙江大学、吉林大学、上海师范大学、广西师范大学、华南师范大学、中山大学等，而很多学校则没有开设这门课。显然，在该课程的必要性方面，对外汉语教学领域尚缺乏共识，《国家汉办·高等学校外国留学生汉语言专业教学大纲》中也并没有该课程的设置，而关于课程的具体内容，关于如何在课堂上对学生进行毕业论文写作的指导和训练等问题，以及如何与其他写作课衔接等，也需要进一步探讨。本文拟在这些方面提出自己的一些设想。

（以下略）

参考文献

陈贤纯. 对外汉语教学写作课初探[J]. 语言教学与研究，2003（5）：59 – 63.

仇鑫奕. 汉语言专业留学生学士学位论文分析报告[C]//蔡昌卓. 多维视野下的对外汉语教学研究——第七届国际汉语教学学术研讨会论文集. 桂林：广西师范大学出版社，2009：225 – 229.

罗青松．对外汉语写作教学研究［M］．北京：中国社会科学出版社，2002．

亓华．留学生毕业论文的写作特点与规范化指导［J］．云南师范大学学报（对外汉语教学与研究版），2006，4（1）：6－11．

王晓澎，方玲．留学生毕业论文选题的统计与分析［J］．世界汉语教学，1994（4）：67－72．

杨俐．外国人汉语过程写作的编写理念［J］．语言教学与研究，2007（6）：63－66．

（原文载于《海外华文教育》2012 年第 1 期，有改动）

一、书面语训练：则、尚

"则"，副词，用在谓语前，表示并列的情况，而且可以列举多项，如：一则……，二则……，三则……；多则……，少则……。

"则"还可用于并列两项的后项小句中，常常有转折意味，如上面例文中的"近年来，一些学校陆续开始为本科阶段的留学生开设毕业论文写作指导课程，……而很多学校则没有开设这门课"。

"尚"，副词，相当于"还"。例如上文中的"尚缺乏共识"，即"还缺乏共识"。再如"尚未结束"即"还没有结束"，"尚未发现"是"还没有发现"的意思。

练习 1

用"则"改写下面句子。

（1）对于这项政策，有些人高呼万岁，有些人却不屑一顾。

（2）这篇文章太长，另一篇又太短。

（3）这种情况的存在对各方都不利，一是打击了研究者的研究热情，二是从此堵死了普通人的上升渠道，三是国家的利益也因此受损。

（4）各校都投入了很多人力，多的有上百人，少的有几十人。

练习 2

用"尚"改写句子，注意其他词语也要相应变化以保持风格上的一致。

（1）报告已经打上去了，还不知道结果。

（2）目前我还没有见到这方面的材料。

（3）大家对于这个问题还没有一致的看法。

（4）到目前还没有提到这个问题。

（5）到底有什么副作用，现在还不明确。

练习 3

根据以下句子，说说"界"和"领域"的异同。

（1）对此，我国学术界也给予了较多的探讨。对于英语专业本科毕业论文的质量问题，我国外语界的广大专家学者也格外关注并就此进行了不少有益的研究。

（2）在该课程的必要性方面，对外汉语教学领域尚缺乏共识。

（3）目前我们在生物化学领域取得了很多重大的突破。

（4）工商界人士对此很有看法。

（5）学界对此已经达成共识。

二、文献的指称与引用

在论文写作过程中，常常需要使用其他文献的观点、论述等，这就是引用。要对某文献的观点进行介绍时，有一种方法是，采用"姓名（年）"的方式来称指某文章，这是一种在正文中对引用文献随文注释的形式，比如例文中的"亓华（2006）"指的就是参考文献中"亓华. 留学生毕业论文的写作特点与规范化指导［J］. 云南师范大学学报（对外汉语教学与研究版），2006，4（1）：6-11."这条文献。

因此，需要注意的是：论文中的"姓名（年）"都是指一本书或一篇文章，而不是某个人。所以，下面三句话中，（1）是错误的，应该改成（2）或（3）的说法：

（1）亓华（2006）在《留学生毕业论文的写作特点与规范化指导》中指出了写作中存在的论文规范、整体结构、语言表达等方面的问题。（×）

（2）亓华（2006）指出了写作中存在的论文规范、整体结构、语言表达等方面的问题。（√）

（3）亓华在《留学生毕业论文的写作特点与规范化指导》（2006）中指出了写作中存在的论文规范、整体结构、语言表达等方面的问题。（√）

练习 4

材料中的"仇鑫奕（2009）""罗青松（2002）"分别是什么意思？

练习 5

判断下列句子中对文献的指称方式的对错。

（1）江敏（2009）在《对外汉语的"是"字句偏误分析》中对母语为俄语者在使用"是"字句时产生的偏误进行了分析。

（2）例如张月池、杜同惠的《如何对阿拉伯学生进行"是"字句教学》（1983）描写了阿拉伯学生使用"是"字句时常犯的偏误。

（3）（刘珣，2000）提出在编写教材时应该遵守"五性"，即针对性、实用性、科学性、趣味性和系统性。

在本课阅读材料的参考文献中有这样两篇文献：

仇鑫奕．汉语言专业留学生学士学位论文分析报告［C］//蔡昌卓．多维视野下的对外汉语教学研究——第七届国际汉语教学学术研讨会论文集．桂林：广西师范大学出版社，2009：225－229.

罗青松．对外汉语写作教学研究［M］．北京：中国社会科学出版社，2002.

文献标识符号［C］代表论文集，［M］代表专著。用"//"表示析出文献与源文献的关系。请注意论文集论文、专著的文献信息表达方式是：

姓名．文章名［C］//编者．论文集名．出版地：出版社，年：开始页码－结束页码.

姓名．书名［M］．出版地：出版社，年.

练习 6

请根据图片，写出专著《汉语研究的类型学视野》的文献信息。

注意查找信息：封面页上一般只有作者名、书名和出版社的名字，其他信息（出版地、出版时间）需要在版权页中寻找。

图书在版编目(CIP)数据

汉字研究的类型学视野/石毓智. —南昌:江西教育出版社,
2004.9(2005.5 重印)
ISBN 7—5392—4262—0

Ⅰ.汉... Ⅱ.石... Ⅲ.汉语—语言学 Ⅳ.H1

中国版本图书馆 CIP 数据核字(2004)第 072092 号

汉语研究的类型学视野
HANYU YANJIU DE LEIXINGXUE SHIYE

石毓智 著

责任编辑 吴明华
江西教育出版社出版发行
URL:http://www.jxeph.com
E_mail:jxeph @ public.nc.jx.cn
(南昌市抚河北路 40 号 330008)
各地新华书店经销
江西青年报社印刷厂印刷
2004 年 9 月第 1 版 2005 年 5 月第 2 次印刷
850 毫米×1168 毫米 32 开本 12.75 印张
310 千字 印数:1000—4170 册
ISBN 7—5392—4262—0/H·39 定价:24.00 元

赣教版图书如有印装质量问题,可向我社产品制作部调换

三、引言中的研究现状综述

一个课题的研究价值，表现在实践意义和理论意义两个方面。实践意义指的是在生产、生活等社会实践活动中具有的价值。理论意义指的是在学术研究中能起到的作用。科学研究更重视所研究的课题是否对该领域的学术研究有指导、推进、纠偏、填补空白等作用。对研究现状的了解，也是进行研究的基础。因此，在引言中说明其研究价值的时候，说明目前该课题已有哪些研究，研究到何种地步，得到哪些成绩，还有哪些不足，是不可或缺的一个方面，这就是对研究现状的综述，也叫文献综述。例如：

目前，在中高级阶段的对外汉语教学中，写作课已成为常规课程，①这方面的教材以及研究论文都已经不少。但关于汉语言本科专业留学生的毕业论文写作课程，相关的研究却非常有限。②除了对毕业论文选题的统计分析外，亓华（2006）指出了写作中存在的论文规范、整体结构、语言表达等方面的问题，提出开设毕业论文写作必修课等措施。仇鑫奕（2009）提出为四年级学生开设专门的论文写作课，认为该课内容应该包括：范文导读，论文写作步骤分解，结合学生实际选题进行的单项步骤的操作实验，阶段性成果展示，讲评等五部分。不过他们都未进一步说明该课程应该包括哪些具体内容。③罗青松（2002）提出围绕论文写作安排任务项目，并介绍了论点摘录、做读书笔记、写小评论等训练项目，但并未提及如何在课堂上就毕业论文的各个部分进行指导和训练。	①从整体上先肯定成绩，再说明不足。 ②第一类研究有两篇文章，先概括所做的工作及主要观点，再评介其不足。 ③第二类研究成果有一篇文章，先介绍研究内容及观点，再评价其不足。

在综述研究现状的时候，需要对已有研究进行分类、归纳、概括、评述。因此，常常会使用以下表达方式：

已有/现有研究

对此，学术界/学者给予了较多关注/探讨/展开了不少有益的研究

在这个方面/关于这个问题，相关研究非常多/研究成果非常丰富

但纵观以上研究/综合起来看，……还/尚存在问题/不足

研究力度还远远不够/不够全面

……领域/界尚缺乏共识

缺乏专门的研究

之前的研究多着眼于……

目前的研究主要集中在……，对……的研究较少

相关研究非常有限

对……的研究稍显不足/缺乏关注/亟待加强/有待进一步探讨/有待深入研究

关于……，也需要进一步的探讨

在……方面存在的问题，很多人已经谈过，在此不赘述

练习 7

小刘对韩汉社会新闻标题的异同很感兴趣，她在搜集相关文献的时候，只找到了几篇相关文章，而且没有一篇是直接比较社会新闻标题的，所以她决定对韩汉社会新闻标题进行比较，写了这个开头段，请你帮她把研究现状部分补充完整。

韩汉社会新闻标题比较

中韩两个国家作为一衣带水的邻居，在经济、文化、外交方面的交流非常频繁，信息的沟通也就显得尤其重要，而新闻传播的重要性更是毋庸讳言。笔者曾经为网站新闻做过韩汉翻译工作，在工作中发现将韩语新闻翻译为汉语，并不是一件简单的事情，有很多问题值得探讨。但是，目前关于韩汉新闻翻译的文献＿＿＿＿＿＿＿＿＿＿＿＿＿＿＿＿＿＿＿＿＿＿＿＿＿＿＿＿＿＿＿

＿＿＿＿＿＿＿＿＿＿＿＿＿＿，因此本文将以韩汉社会新闻标题的翻译为研究对象，探讨在翻译韩汉新闻标题时应该遵循的规则和需要注意的方面，以期对韩汉新闻翻译工作有所裨益。

练习 8

指出下面引言习作中的不恰当之处，并改写这个段落。

电影《无间道1》和《신세계》（《新世界》）中卧底警察形象比较

《无间道1》和《신세계》（《新世界》）都是轰动一时的商业大片，也都有很好的口碑，《新世界》在韩国公映的同时也引进到了中国，但是在中国我没有看到研究《新世界》的，却看到了很多研究《无间道1》的。我在中国学术期刊网上搜索"无间道"，出来了434条结果，其中有14篇是学位论文。各种各样的文章都有，比如李俊鹏2008年比较了《无间道1》与《无间道风云》，比如2012年王皓写的论文是研究电影《无间道1》的叙事方式，2015年王占威发表了文章研究这个电影的音乐美学等电影技巧。大多数人用美国电影跟《无间道1》比较，例如张誉铖在2012年发表的文章。可是，还没有把韩国的电影（《新世界》）和中国的电影比较的。

课后实践：写研究现状

小论文第三步：阅读文献，结合搜集的相关材料，写出本课题的研究现状。

在概括研究现状的时候，需要注意：

第一，一定要选取与本话题最直接相关的论文进行综述。如果直接相关的文章不多，可以稍微扩大搜索限制进行综述。例如：研究课题为"中韩牛郎织女民间故事比较研究"，先以"牛郎织女"为关键词进行搜索，再以"中韩"在搜索结果中进行二次搜索，所得到的搜索结果相关性就非常强了。如果以"民间故事"为关键词进行搜索，那么筛选的工作量会非常大。同样，很多关于"民间故事"的研究与"中韩牛郎织女民间故事比较研究"这个论题距离很远，不适合在文中进行综述。

第二，要进行分类概括。有些话题，尤其是写学位论文的时候，文献会比较多，但是都会集中在某些研究内容上，因此需要分类进行讨论，尽量避免单篇文献的罗列。

第三，一定要有评述，明确已有研究的不足之处。

第四课　引言写作 3

本课重点

1. 书面语训练：拟、以、以期、就、……的 VP
2. 引用和标注
3. 引言中的研究设计

阅读讨论

下面这篇论文的前言部分是由几部分组成的？

例文的参考文献中出现了学位论文，请总结一下学位论文的文献信息怎么写？与已经学过的期刊论文和专著的写法有何不同？

前言

近年来，尤其是我国高等院校扩招以来，本科毕业论文的质量问题已经引起人们的广泛关注。对此，我国学术界也给予了较多的探讨。对于英语专业本科毕业论文的质量问题，我国外语界的广大专家学者也格外关注并就此进行了不少有益的研究，如宋飞[1]、刘新民[2]、穆凤英[3]、覃先美[4]、余曼筠[5]、王淑云[6]等。但纵观上述研究，我们不难发现，这些研究极少涉及英语毕业论文写作课程开设方面的内容。为此，本文拟就我国普通本科院校（以下简称"高校"）开设英语毕业论文写作课程做一些探讨，以期为进一步提高我国高校英语专业本科毕业论文质量提供一些有益的参考。

（以下略）

参考文献

[1] 宋飞. 如何撰写英语本科专业毕业论文[J]. 陕西师范大学继续教育学报, 2000, 17(1): 64 - 68.

[2] 刘新民. 再谈英语论文写作规范[J]. 外语与外语教学, 2001(4): 30 - 32.

[3] 穆凤英. 英语专业本科生毕业论文的调查与思考[J]. 徐州师范大学学报（哲学社会科学版）, 2001, 27(4): 138 - 142.

[4] 覃先美等. 高等学校英语专业毕业论文导写[M]. 长沙: 湖南师范大学出版社, 2001.

[5] 余曼筠. 改进英语专业毕业论文管理办法[J]. 重庆大学学报（社会科学版）, 2001, 7(5): 40 - 42.

[6] 王淑云. 主位选择对英语专业本科生毕业论文写作质量的影响[D]. 西安: 长安大学, 2010.

（选自吴俊:《关于本科院校开设英语毕业论文写作课的思考》,《忻州师范学院学报》2011 年第 4 期, 有改动）

一、书面语训练：拟、以、以期、就、……的 VP

"拟"是"打算"的意思, 常和介词"对""就"等一起使用说明计划或打算, 如: "本文拟就我国普通本科院校（以下简称"高校"）开设英语毕业论文写作课程做一些探讨""我公司拟对下半年计划进行调整""本文拟通过对 2005—2014 年我国出版发行的高校学术英语写作教材进行调查分析"等。

"以"相当于"来", 论文中常使用"以"或"以期"说明目的。如: "对市场进行深入调查以拿出更有针对性的方案""为此, 本文……以期为进一步提高我国高校英语专业本科毕业论文质量提供一些有益的参考""本文拟通过对……进行调查分析，……以期对学生学术英语写作能力的发展与培养提供一定的帮助"。

介词"就"，在用法上相当于"对"，例如"就这个问题进行回答"。

练习 1

把下面句子改写成含有"以、拟、以期、就"的句子。

（1）本文将对近一年的数据进行分析，来说明这个项目的影响力。（以）

（2）这篇文章打算对中国饮食文化进行分析。（拟）

（3）全部军队都被派过来，为的就是给对方加大压力。（以期）

（4）本研究从定量的角度对女性的择偶标准进行研究，获得某些量化的结果。（以期）

（5）其他词语也要相应变化，好保持风格上的一致。（以……）

（6）下面我对这个问题谈谈我的个人看法。（就……）

（7）我打算举几个例子从几个方面比较分析一下，好更加明确它们在生活中的应用。（本文拟……，以便……）

双音节动词做"的"的中心语的格式，即"……的VP"，是具有书面语特色的一种结构，例如：

本科毕业论文的质量问题已经引起人们的广泛关注

我国学术界也给予了较多的探讨

就此进行了不少有益的研究

使用双音节动词做定中结构的中心语时，常常形成如下框架：

对/通过……的调查/分析/研究……

随着……的……

影响到……的……

进行深入的/进一步的……

练习 2

把下面句子改写成"……的 VP，使/让……"形式。

(1) 科技越来越发展，人们的生活发生了重大变化。

(2) 两国关系恶化，老百姓的生活遭了殃。

(3) 出了这本书之后，老王就成了名人了。

(4) 发生了这件事情之后，人们开始重新思考这种生活方式。

(5) 现在留学生数量越来越多，教材就成了一个问题。

练习 3

按照下面的框架，说说学习外语和外语教材的重要性。

随着……，掌握一门外语变得……

随着……，人们对外语人才的需求………

随着……，教材的开发也……

教材是教学的依据，教材建设不利影响到……

通过对当前市面上二十余本教材的……，……。

二、文献指称方式：标注

在称说某篇文献的时候，除了采用"姓名＋年"的方式，还可以采用

"姓名 + 上标"的形式，例如本课阅读材料中的"宋飞[1]"指的就是参考文献中序号为［1］的文献。

练习 4

请说说"刘新民[2]、穆凤英[3]、覃先美[4]、余曼筠[5]、王淑云[6]"的意思分别是什么？

本课阅读材料的参考文献的第六条是一篇学位论文：

王淑云 . 主位选择对英语专业本科生毕业论文写作质量的影响［D］. 西安：长安大学，2010.

学位论文的标识符号是［D］，文献信息表达方式为：姓名 . 文章名［D］. 学校所在地：学校名，年 . 学位论文的发表年可以从论文提交日期中找到。

练习 5

右图是一篇学位论文的扉页，请根据图片回答问题：

（1）这篇学术论文的文献信息补充在本课阅读材料的参考文献里可写成：

［7］_____

_____.

（2）如果《关于本科院校开设英语毕业论文写作课的思考》中也提到了这篇文章，原来的话需要说成：

对于英语专业本科毕业论文的质量问题，我国外语界的广大专家学者也格外关注并就此进行了不少有益的研究，如宋飞[1]、刘新民[2]、穆凤英[3]、覃先美[4]、余曼筠[5]、王淑云[6]、_____等。

中国人民大学

专业硕士学位论文

（中文题目）留学生本科毕业论文统计与分析
——以中国人民大学文学院为例

（英文题目）Statistics and Analysis on Dissertations of Bachelor Degree of International Students of School of Liberal Arts, Renmin University of China

作者学号：	2013103009
作者姓名：	孔凡娣
所在学院：	文学院
专业学位名称：	汉语国际教育
导师姓名：	高增霞
论文主题词：	毕业论文;留学生学历教育;
（3—5个）	体裁分析;对外汉语教学
论文提交日期：	2015 年 4 月 22 日

三、引言中的研究设计

研究设计是引言中的一个重要组成部分，是对该课题所制作的研究方案及论文的写作安排进行解释说明。研究方案一般包括：研究对象、主要内容、研究方法、操作步骤、研究目的等，论文的写作安排其实是对论文的框架进行简单的设计、说明，告诉读者该论文将包括多少部分。

一般来说，在期刊论文中，研究设计常常表现为对本论文的主要研究内容进行介绍说明，有些论文使用调查或实验的方法，也需要在引言中对研究方法进行介绍说明。在学位论文中，这些板块往往比较齐全。

下面这段阅读材料是一般期刊论文的例子，引言的最后一句话说明了本研究的设计，即研究的主要内容和目标。

①近年来，尤其是我国高等院校扩招以来，本科毕业论文的质量问题已经引起人们的广泛关注。②对此，我国学术界也给予了较多的探讨。对于英语专业本科毕业论文的质量问题，我国外语界的广大专家学者也格外关注并就此进行了不少有益的研究，如宋飞[1]、刘新民[2]、穆凤英[3]、覃先美[4]、余曼筠[5]、王淑云[6]等。但纵观上述研究，我们不难发现，这些研究极少涉及英语毕业论文写作课程开设方面的内容。③为此，本文拟就我国普通本科院校（以下简称"高校"）开设英语毕业论文写作课程做一些探讨，以期为进一步提高我国高校英语专业本科毕业论文质量提供一些有益的参考。	①释题，说明意义。 ②现状综述，先肯定成绩，再说明不足。 ③研究设计，说明本文的研究内容、研究目标。

再看下一个例子：

美国、德国、日本气候援助比较研究及其对中国南南气候合作的借鉴

①美国、德国和日本是发达国家中提供气候援助最多的三个国家，2010—2012 年三国共计提供了约 380 亿美元的气候援助。美国、德国和日本气候援助的相关经验，对中国的气候援外和南南气候合作具有重要的借鉴意义。②有鉴于此，本文将深入分析、比较和总结美、德、日三国的气候援助工作，并以此为基础讨论国际气候援助的历史演进及未来的发展趋势。③本文的研究数据主要来自经济合作与发展组织（Organization for Economic Cooperation and Development, OECD）发展援助委员会（Development Assistance Committee, DAC）的 CRS 数据库和历年气候援助统计报告，以及一些国际组织的研究报告。由于统计标准不一致，DAC – CRS 数据库并未完全涵盖美国的气候援助数据。除个别说明外，有关美国的数据主要来自其2010—2013 财年预算报告和 2012 财年气候援助报告。

①说明研究设计的理由。

②说明研究的主要内容和方法。

③说明数据来源。

在说明研究设计的时候，常用以下语块：

本文拟就……（问题/方面）进行分析/探讨/做一些探讨/提出自己的设想

本文拟对……进行梳理，从……方面进行介绍与评价

针对……进行探讨

本文旨在……

本文希望……

以期……

以/以便……

为……提供参考/借鉴

在前人研究的基础上,

结合相关理论

本文采取……的方法,对……进行探讨/分析/讨论

练习 6

用提示语改写下面句子。

(1)这篇文章的内容是比较中国与越南的除夕文化。(本文拟对……进行……)

(2)我想从对外汉语专业的实际出发,谈谈写对外汉语专业本科论文。(本文旨在……,对……进行……)

练习 7

下面几句话的顺序被打乱了,请将其排列顺序。

(1)本文拟通过对2005—2014年我国出版发行的高校学术英语写作教材进行调查分析,发现高校学术英语写作教材编写出版过程中存在的问题,并提出相关对策,

(2)但是,作为一线英语教师,笔者发现很难选择一本符合教学改革要求、适应学生英语写作水平、满足学生学术英语写作需求的教材。

(3)学术英语写作能力是应用能力的重要组成部分,目前已成为高校英语教学重点培养的技能之一。

(4)教材的选取不仅影响到新的教学模式的开展,而且最终会影响学生的学习效果,

(5)以期对学生学术英语写作能力的发展与培养提供一定的帮助。

（6）但是目前国内外语界对教学模式、教师及学习者的关注远远超过了对教材的关注。

（选自于强福、尚华：《国内学术英语写作教材出版现状研究》，《教育评论》2016 年第 2 期，有改动）

正确的顺序是：_____

练习 8

下面一段话是一篇习作的引言，在语言的风格及表达上存在一定的问题，请帮作者进行修改。

中韩英警示语比较

公示语的一个种类叫作警示语，它是处于公开状态且呈现在大众面前，以实现某种警示或者禁令为目的的特殊公文文体。警示语的使用范围特别广泛，而且涉及人们日常生活的各个领域，例如：交通、旅游、购物，等等。在如今全球化的时代里，警示语在各个国家对人们的生活都起着至关重要的作用。所以我在这次毕业论文中，决定了要写关于比较三个国家的警示语。是韩语、汉语和英语。人类以前的时候也使用警示语，但是随着社会的发展，人类更常用警示语。那是因为，容易看出语言和文化的特点。当人们身处异文化时，如何正确把握和解读异文化中的警示语是不可忽视的问题。我这次写毕业论文期间，我收集了一百多个资料，我为了收资料四面八方都去过。在中国，英语领域对警示语的研究取得了一定的成果，但是在中国，韩语领域对中韩警示语的相关探讨却没有那么多。本文从篇章语言学的角度出发，想比较中、韩、英警示语之间的差异。

课后实践：列提纲

小论文第四步：列提纲。

落实在论文写作过程中，研究设计就是论文框架设计，也就是列提纲。根据已经掌握的资料、要解决的中心问题、需要做的工作，为自己的论文列出大纲，明确要解决的主要问题，研究的主要内容、主要目标及使用的方法。

第五课　引言与开题报告

本课重点

1. 引言的作用及构成
2. 毕业论文开题报告的写法

阅读讨论

请结合前面课程中所练习的内容，分析下面这篇论文引言部分的结构。

观念转变、领导能力与中国外交的变化

朱立群

①近年来，外部世界对中国的关注不断升温，对中国外交和中国对外行为的评论增多，对未来中国的走向表示关切，对中国宣示的和平发展道路表示疑虑。一些人认为现阶段中国外交"更精致、更自信、在全球和地区事务中时常表现得更具有建设性"。但同时表示，力量强大以后的中国是否仍然是一支建设性力量值得怀疑。也有一些人认为，中国外交政策的变化主要源于外部结构的压力，一旦羽翼丰满，中国必将称霸地区并进而称霸世界。如何看待中国外交变化的动力来源？变化的核心变量是国际因素还是国内因素？如果是国内因素的话，那么，影响国内偏好变化的主导因素是什么？

　　②关于中国外交变化的动力来源问题，早有学者从国内政治变化的角度予以解释。颇具代表性的是章百家提出的中国通过改变自己而影响世界的观点。他认为，相对于世界变化对中国的影响来说，中国内部的变化对中国外交的影响更强烈、更深刻。中国对外关系的变化，"始终与中国内部的政治发展紧密地联系在一起，甚至可以说，中国主要是依靠自己的内部变革，而不是通过某种外部行为来改变中国与其他国家乃至与整个世界的关系"。中国外交表现出来的不断促进国际合作、日益走向多边主义的新变化，的确如章百家所说主要源自改革开放以来中国社会内部的深刻变化。但是，需要进一步说明的是，这种反应是怎样开始的、从何处开始的，它的解释模式如何，这种模式更多体现的是特殊性还是具有普遍意义。关于解释模式问题，国内也已开始研究。时殷弘提出了"经济第一"和"愈益并入世界体系"两个概念，作为分析框架用以讨论中国外交战略演变的原因。美国学者沈大伟即将发表的探讨中国共产党自身适应性变革的论著，是国外学者关注中共党内改革进而导致中国对外行为变化的重要探索。

　　③本文关注中国国内因素对中国外交变化的影响，特别是影响路径和模式问题。本文认为，自1978年改革开放以来中国外交发生的持续变化，主要源自中国国内的深刻变化。它首先开始于中国人世界观的转变，特别是中国领导人世界观的转变。观念的转变改变了中国的国内国外议程，推动了中国对自身利益和身份的重新认知。其中，中国政府的领导能力是重要干预变量，使中国社会的巨大转型始终坚持在改革开放进程中展开。观念、利益、身份和国内政治的交叉互动推动了中国外交的新发展，是中国外交变化的内在驱动力。因此，"观念转变""领导能力"与"中国外交变化"构成了现阶段中国外交变化动力的解释模式。

④本文首先采取进程回溯的方法，以 1978 年中国开始改革开放为切入点，对在此前后中国外交的变化加以对照和讨论。进而，以 1978 年为起点，探讨近三十年改革开放进程中中国政治、经济各领域的变化对中国外交的深刻影响。在此基础上，本文将阐述中国外交变化的"观念＋领导"解释模式。

（原文刊于《国际政治研究》2007 年第 1 期）

一、引言的作用及构成

引言，又叫绪论、绪言、序言、前言、导论等，是学术论文的开场白。对于一篇学术论文而言，引言部分是对研究工作的简明、概括的说明，使读者鸟瞰全文，在正式阅读论文前对整个研究工作的研究背景、主要解决的问题、研究范围、研究方法、预期达到的目标、贡献或意义，有一个比较全面、简单的认识。

因此，引言部分常常包括以下内容：研究背景或动机、研究的问题、研究目的、研究现状、研究的主要内容、研究范围、研究意义、研究方法、章节安排等。这些板块的内容可能会因为论文的篇幅、使用的方法等有所取舍，但研究的问题、研究的主要内容和研究现状是必须要有的。

练习 1

（1）请分析下面这篇学位论文引言部分的组成，并与上一篇引言的结构进行比较。

（2）这篇学位论文中，作者对什么问题感兴趣？

（3）对于作者发现的问题，现有的研究状况怎样？

（4）作者打算在这篇文章里解决哪些问题？

（5）作者打算怎样对这个课题进行研究？为什么要这样做？

芬兰大学生汉语单字声韵偏误研究

郭　兴

第一章　绪论

一、选题缘由

2015 年 8 月至 2016 年 5 月，笔者有幸通过汉办考核赴芬兰赫尔辛基大学孔子学院任教。在其下设教学点——东芬兰大学约恩苏校区任教期间，开设两门语言课和一门文化课，学生均为零起点和初级汉语学习者。在教学过程中，笔者发现语音学习虽占据大半时间，但入门阶段的芬兰学生的汉语语音一直存在较多问题。由于芬兰语和汉语差异较大，学生对汉语语音的学习确有一定难度，并且存在其独特的特点，比如，英语母语背景下的学生一般认为 ü 较难发音，但芬兰学生并不存在难度，因为芬兰语语音系统中存在相同的音 y［y］；p 和 t 我们一般不会认为有问题，但是在所教"中文一"的期中听力考试中，漂（piào）和跳（tiào）辨音一题竟然没有人答对。相关的一系列问题让我对芬兰学生语音习得尤其是声韵母的习得产生了浓厚兴趣。芬兰只有赫尔辛基大学孔子学院这一家孔院，国家人口较少（500 万），相比美洲和亚洲，汉语学习者较少，相关的汉语教学研究也几乎没有，但芬兰汉语学习者越来越多，来华芬兰人也在增多，对芬兰汉语教学的研究必不可少。因此，本文从最基本的声韵母入手，描述偏误表现，归纳偏误类型，尝试解释偏误原因，并给出实际有效的教学建议，为今后芬兰汉语教学提供一些参考。

二、芬兰汉语语音教学及相关研究综述

本人分别以"芬兰汉语教学""芬兰汉语教育"和"芬兰汉语教材"为

关键词在中国知网和中国人民大学位论文库进行查询，共查得期刊文献 3 篇、学位论文 7 篇。其中，有关语音教学的只有 3 篇学位论文：

武东莉的《芬兰学生汉语声调习得的实验研究》（2012）用 Praat 语音分析软件提取和分析了 10 个芬兰学生单字调及双字调的数据，归纳出芬兰学生学习汉语时在声调上产生的偏误类型。陈惟妍的《芬兰奥卢大学汉语语音教学调研报告》（2012）对芬兰语言教学概况进行了调研，并针对奥卢大学汉语语音教学重难点问题进行了专门研究，认为语音教学重点要侧重声调教学，声韵部分的教学重点是送气音和不送气音的区分。任瑾的《芬兰汉语学习者口语偏误分析》（2014）以坦佩雷大学学生为研究对象，运用听辨审听法、声学实验法、统计法、图表法及描写法等研究方法，对其语音偏误、口语表达中的词汇和语法偏误进行了调查和分析，总结了偏误类型，分析了偏误原因，并提出了教学建议。该研究对芬兰学生学习汉语过程中在声母、韵母方面存在的问题进行了比较深入的研究，但是由于其数据来自 6 名学生，而且分布在不同级别，研究结果是否具有普遍性有待商榷。

可见，针对芬兰的汉语教学研究才刚刚起步，语音教学虽然已经引起研究者的关注并有了初步的研究，但是调查对象少，数据不够充分，影响了结论的科学性和普遍性，还存在很大的研究空间。

三、研究内容及方法

1. 研究内容

本文旨在分析研究芬兰大学生学习汉语单字声韵的偏误问题，研究重点在：

（1）总结偏误类型。目前的语音偏误研究还不够全面。例如任瑾（2014）没有注意到 r 的偏误现象，而实际上芬兰学生受母语负迁移的影响，把汉语的 r 发成颤音的现象较为普遍。由于篇幅所限，本文将只对单字声韵问题进行研究，不涉及声调及语流音变中产生的偏误问题。

（2）多角度分析偏误产生的原因。

（3）结合课堂教学经验给出语音集中教学的课程设计，并对汉语教材编写中语音部分的本土化问题提出建议。

2. 研究方法

本文利用录音收集语料的方法和 Praat 软件切音分析的实验语音学方法进行芬兰大学生汉语单字声韵偏误研究。通过全方位地对比分析芬兰语和汉语两种语言的语音系统，制出汉语和芬兰语的元音、辅音对比图表，整理出芬兰大学生汉语语音学习的问卷调查，并设计调查字表，组织学生逐一读字表并对其录音存档，而后逐一听辨，得到有效录音，再使用 Praat 软件对部分语音进行声学分析，进而统计得出芬兰大学生汉语单字声韵偏误类型及偏误率。

杨洪荣（2008）指出，20 世纪 80 年代以来的对外汉语语音研究已经从经验描述型向科学研究型转变，语音学和音系学的研究成果对其影响加大。因为许多汉语语音教学的研究者仅仅依靠课堂或课外随机获得的信息，对重复出现的一些语音现象进行描述，不能提供具体的数据，依靠的只是个人经验，致使对外汉语语音教学研究仍处在经验总结阶段，难有突破。而实验语音学研究方法的引入，改变了以往纯经验式研究的局面，使外国学生汉语语音得习研究的方法更为科学、严谨，结论也更加可靠。所以本文在传统的经验描写方法之外，加入了实验语音学的方法，使研究"信而有征"。

而实验语音学的具体操作方法，王韫佳（2003）也指出，实证研究意味着研究依据是有目的地采集到的客观存在的数据，即学习者发音的录音或者学习者的语音知觉等。这给出我们两种方法，即对学习者的发音录音，或读标准音让学习者听音辨音。为尽可能多地反映学习者的声韵母偏误表现，并存留实验数据，我们采取录音的方法进行研究，并对数据做出量化描述。

我们使用 Praat 语音分析软件对录音数据做出分析。据陈彧（2013）可知，Praat 是近年出现的一款优秀的跨平台语音试验软件，由荷兰阿姆斯特丹大学人文学院语言研究所的主席 Paul Boersma 教授和 David Weenink 教授联合开发研制。它主要是对数字化的语言信号进行分析、标注、处理和合成等，并生成各种语图和数据提取。目前，Praat 软件已是世界上实验语音学、心理语言学、语言调查等相关领域的高校教师、学生及研究人员普遍选用的专业软件。

（本文为中国人民大学 2017 年硕士学位论文）

二、开题报告的写作方法

在毕业论文写作过程中，有两个重要的答辩环节：开题答辩和论文答辩。开题答辩分为报告和答辩两个部分，是有关专家学者对研究项目初期的设计和规划以及前期研究成果进行全面审核的一种形式，目的是判断该研究项目是否可行。毕业论文的开题答辩和论文答辩之间至少要间隔一年的时间，以进行论文写作。如果没有通过开题答辩，那么就不能进入论文写作环节，也就不能按时参加论文答辩、顺利获得学位证书。

开题报告是对科研课题的一种文字说明材料，开题报告的内容大体但不一定全部包括以下几个部分：

论文题目

选题背景或选题缘由、选题依据

选题意义和价值

（国内外）研究现状／文献综述

拟解决／研究的主要问题

主要研究内容

理论基础

研究方法

研究设计或论文框架

进度与安排

参考文献

附录

以上这些部分在开题报告中并不一定全部出现，在顺序上也可以有多种排列方式，但是，论文题目、研究的主要问题、研究现状/文献综述、研究设计或论文框架、参考文献等部分，是必不可少的。

样例

《茂名市石油化工公司职工语言使用情况的调查研究》 开题报告

吴 韵

一、选题及研究意义

本文主要通过社会调查的方法描写和研究茂名市石油化工公司（以下简称"茂石化"）职工及其家属的语言使用情况。在茂名市的粤语大环境下，茂石化是全市唯一一家将普通话作为工作语言的企业。特殊的企业语言背景会影响该公司职工和家属的语言使用。我们从公司职工的语码[①]掌握情况、语码使用域、语码转换以及语言态度几个方面进行调查研究，并与茂名地区其他市民作对比，以便更好地展示茂石化职工的语言使用现状及茂名地区语言使用的发展趋势。这对研究语码转换策略，研究语言的社会利益和效益对语言态度和语言使用的影响都有一定参考价值。

---

① 在该论文中，"语码"的定义与"语言"相同，"语码"和"语言"都包含"方言"。除特指某具体方言的情况下使用"方言"，一般情况使用"语码"。

茂名市地处粤语区，茂名话属粤语次方言——高雷片区，与广州话相比，在语音、词汇等方面存在相当大的差别，从功能和地位上看，广州话比茂名话使用范围更广；再加上国家对普通话的大力推广，茂名话在这两种强势语码的夹缝中生存。茂石化有企业语言制度作为普通话的助推力，该公司职工及其家属的语言使用状况，会比其他地区更为复杂。茂名地区的情况也能反映整个广东地区的语言使用状况。由于粤语相比其他几大方言具有一定的国际地位，加上广东人群体意识较强、粤语与普通话差别较大，普通话在广东地区的使用有局限性，粤方言可以和普通话分庭抗礼。研究茂名地区语言使用状况有利于更好地认识标准语与强势方言的关系，协调好标准语和方言的学习和使用。

二、相关研究综述

1. 关于茂名地区的语言研究

茂名地区的语言情况较为复杂，不仅有粤语次方言——茂名话，客方言、闽方言的次方言在茂名某些地区也通行，很多市民都掌握两种或两种以上的语言和方言。茂名市各县市粤语、客家话、闽南语的音系和具体差异在《茂名市志》中有具体详细的阐述。

茂名地区的语言研究主要集中在语音、词汇和语法方面，因为茂名地区的高雷片区粤语属于粤语次方言，与其他地区的粤语略有差别，吸引着学者们去研究和分析茂名粤语与其他粤语的异同。此外，茂名地区还存在闽方言与客方言的次方言，这些闽、客次方言在不同县或乡镇有不同的表现形式，虽然这些次方言内部基本可以相互通话，但是这些闽、客次方言是散落且无规律地分布在粤语区周边的，并因历史等原因形成一些方言孤岛，如麻兰话和山羊话等，它们既不属于粤方言，也与当地的闽、客方言有较大的差异。因此，学者们对茂名地区的语言研究主要以音系方面为主，研究各种方言间的异同。而人们对茂名地区整体的语言使用情况关注较少，没有深入探讨茂名话、广州话和普通话的关系。因此，我们希望通过本次研究，能够从社会语言学的角度记录下茂名地区的语言使用现状，并选取具有特色的茂石化职工团体作为调查对象，更好地分析茂名地区茂名话与普通话的现状，填补茂名地区语言使用情况研究的空白。

2. 关于移民语言的研究

移民语言，指的是某些社会群体从一个地区迁移到另一个地区工作或生活，达到一定的年限后，这部分群体所使用的语言即为移民语言。研究的内容涉及移民对语码的选用情况，移民语言的音系、词汇和语法系统等方面。按照移民发生的原因，可以大致从工业、第三产业、生态角度将国内对移民语言的研究分为三类。

国内关于工业移民语言的研究比较重要的有杨晋毅的《中国新兴工业区语言状态研究（中原区）》（2002），通过对中原几个主要大型城市的工业区进行调查，发现不同工业区语言使用状况完全不同，有各自的规律。而其他的研究则主要集中在三峡工程库区的移民语言。例如赵冰（2013）介绍了巴东土家族某村移民到湖北省的习俗文化状况。佟秋妹《江苏三峡移民语言态度调查分析》则主要从语言态度着手，研究与之相关的社会因素如性别、年龄等，凸显了移民对母语和普通话的认同，以及对当地话的排斥态度。

关于第三产业移民语言的研究主要以大城市如省会城市为研究对象，调查分析这些城市移民的语言使用状况和态度。一般采用的都是问卷调查法。这类研究主要有陈龙琴（2013）、王雪梅（2009）、雷红波（2004）、范文嫣（2006）等。

关于生态移民的研究焦点主要集中在宁夏闽宁镇吊庄回族移民的语言研究。如马妍（2014）、马伟华（2009）等。

总的来说，近年来对移民语言的研究较为丰富，很多学者都关注到移民在语言上会存在适应性问题，并且这部分人群的语言状况对于研究语言混合、变化与发展有很重要的参考价值。所以这方面的研究文献基本涵盖了语音、语法和词汇等各个方面。但无论是什么原因引起的移民，移民语言的基本特征都相似，即大部分移民都非常重视普通话，会着重提高自身和子女后代的普通话能力。另外，移民也面临融入当地语言环境的压力，尤其是在地方方言较为强势的地区。移民不仅要学习标准的普通话，减少方言口音；同时，为了更好地融入当地社会，提高自身工作能力，学习当地的强势方言对这部分移民来说也非常重要。在移民学习当地方言的过程中，必然会经历"中介语"阶段，即移民所习得的方言既不是地道的当地方言，也不是标准的普通话或其他方言。这样的"中介语"是否会对当地的方言产生影响，移民的"中介语"存在怎样特殊的语言现象……这一系列问题对研究人们的语言习得以及某地语言发展变化的路径具有重要意义。

三、研究设计

1. 研究假设

据我们初步观察得知，茂石化职工及其家属大都掌握普通话和当地的粤语，是双言人；有的非本地职工还能熟练使用其家乡方言，是三言人。虽然不同的人对粤语的掌握程度不同，有的只具备听的能力，有的能够流利地使用粤语与当地人交流。但是这部分人群基本都存在语码转换的现象，这种语码转换不仅体现在不同的场合使用不同的语言（包含方言），也体现在说某方言时，句子中夹杂着另一方言的句子，以及日常对话中粤语和普通话的词汇或语法混合使用。

根据这样的现象，首先，我们想了解茂石化职工及其家属对语码掌握的具体情况。分别有多少单言、双言、三言使用者；其子女对方言的掌握是否不同；父母的方言掌握情况对后代的方言掌握情况是否有决定性影响，或哪些因素起着决定性影响。与此相关的问题是了解茂石化职工及其家属的语言态度，包括普通话、当地粤语、标准广州话或者其父母掌握的其他方言等。他们在情感和理智上更偏向于哪一方？他们从小就在粤语的大环境下成长，是不是对粤语有更大的归属感？他们父母的语言态度对他们的语言态度有着怎样的影响？

其次，是了解语码使用域。我们希望通过问卷调查、访谈调查以及结构观察等方法了解茂石化职工各种语码的使用情况。这些不同职工在家庭与其配偶、子女谈话时会使用哪种方言；与茂名人、非茂名人或者老乡、非老乡交流时又会使用什么方言？

再次，是了解茂石化职工及其家属语码转换的情况。哪些词或语法结构会经常发生转换？在面对不同身份的谈话对象时是否存在语码转换？这些转换的动机或原因是什么？

最后，我们在茂名市区选取一个人流较为密集并且涵盖各种年龄群的调查地点——凯德广场和文化广场，通过结构和不记名观察，了解其他茂名市居民语码掌握、使用以及转换的情况，从中推测其语言态度；并与茂石化职工及其家属的情况进行对比与总结。

围绕以上问题，我们初步作出了假设。在语码掌握方面，我们推测大部分茂石化的员工都熟练掌握普通话，能够流利、熟练地运用普通话进行日常交流。但是普通话的标准程度以及带说话人母语口音程度会因受教育水平、社会地位、家庭背景等方面因素的影响而存在差异。这些带有口音的普通话并不会影响与他人的交流，也不会对语码的使用域造成太大影响。影响语码使用域的主要因素是受访者的语言态度以及对交谈对象的心理定位；所以不同受访者在相同领域中应该会采用大致相同的语码。关于茂石化职工及其家属的语言态度，我们推测相比其他茂名市民，他们对普通话会有更高的认同感，认为普通话的认同意义与使用效益高于当地粤语，倾向于教育后代使用普通话。对茂名普通市民进行的局外观察，应该会看到大量使用当地粤语的情况，使用普通话交流可能只占较小比例。所以普通市民语码转换的情况应该远远少于茂石化的职工及其家属，他们可能在理智上认为普通话有更高的经济价值，但情感上还是倾向于当地粤语，即对茂名话的认同度更高。

2. 研究对象

根据茂名市的基本情况以及茂石化职工的特殊性，我们把研究主体限定为茂石化的员工及其家属，研究其语码掌握、使用域、转换及语言态度。我们采用滚雪球的方法进行问卷发放，请我们熟悉茂石化且在茂石化工作的朋友帮忙发放问卷，对公司各个不同部门的员工开展问卷调查，继而选择这部分受访者中较有代表性的职工进行深入的访谈调查。

我们共发放了 200 份问卷，回收了 165 份，回收率 82.5%。回收的问卷中有 12 份填写不符合规范或者空白，即有效问卷是 153 份，有效率是 92.7%。受访者中，男女的数量和比例分别是 110∶43、71.9%∶28.1%。因为茂石化本身男女比例不均衡，男性数量要远多于女性，所以我们认为本次调查的受访者结构较为合理且具有代表性。受访者样本的其他情况见表 1。

表 1　问卷调查对象样本基本情况分析表　　　　$n = 153$

样本特征		百分比（%）	样本特征		百分比（%）
性别	男	71.9	学历	大学本科以下	71.2
	女	28.1		本科及以上	28.8
年龄	20~40 岁	28.8	成长地	茂名	74.6
	41~60 岁	71.2		非茂名	25.4
收入	低	7.2			
	中	33.3			
	高	59.5			

然后，我们选择凯德广场进行局外观察。茂名市区现今主要商业中心集中于西粤路一带，其中人流最旺的是位于西粤中路的凯德广场。我们观察记录的范围是凯德广场的一、二层及其旁边的文化广场。通过对 306 名对象进行不记名快速记录和观察，我们可以大致了解茂名市内其他市民的语言使用情况。

3. 资料收集方法

首先我们采用的是非随机抽样的方法。因为本人是茂名人，本人的父母和朋友认识很多茂石化的职工，他们分属茂石化各个不同部门。我们便请他们帮忙发放问卷，了解其所在部门的同事的语言状况。通过问卷，我们基本可以了解该部门工作人员的基本语言状况，涉及受访者语码掌握、使用域、转换及语言态度四个方面的问题。在对问卷进行初步处理后，根据具体的受访者情况，我们选择了六位受访者进行深入的访谈调查。这六位受访者的共性在于其都有子女，具体情况见表2。

表2 访谈对象基本情况

受访者	性别	年龄	成长地	职业	配偶成长地	配偶职业
1	女	51 岁	茂名地区	公司职工	茂名地区	公司职工
2	女	33 岁	非茂名地区	公司职工	茂名地区	公司职工
3	男	45 岁	非茂名地区	公司职工	茂名地区	非公司职工
4	男	43 岁	非茂名地区	公司职工	非茂名地区	公司职工
5	男	46 岁	茂名地区	公司职工	非茂名地区	非公司职工
6	男	32 岁	非茂名地区	公司职工	非茂名地区	非公司职工

接着我们进一步对调查对象的语码转换和语言态度展开调查，我们主要采用参与观察法，与六位访谈对象建立亲密友好的关系，请他们介绍生活状况并回答一些问题，观察他们的语言行为，对其说话进行录音。

在对茂名其他市民语言情况的调查中，我们主要采用的是结构、局外观察法，通过对已制定的表格的填写，我们记录下调查地点中被调查者的基本信息及语码掌握、使用域和转换的情况。

4. 资料分析方法

使用SPSS23.0软件对茂石化职工问卷得到的调查结果进行数据分析和统计，分别统计受访者语码掌握、使用域、转换及语言态度的情况，并对问卷的效度和信度进行评估。然后用相关性等计算方法分析其中年龄、性别、籍贯、社会地位等属性对受访者语言情况的影响程度，并分析各个要素间的相关性和其他数据属性。

对访谈录音进行转写，标注其中存在语码转换现象的词汇和语法成分，分析语码转换的类型和动因。同时，利用从访谈材料中得到的各类信息验证和解释问卷调查的结果。

使用SPSS23.0软件对凯德广场中市民的语言使用情况进行分析，提取有效因子，分析各个因素间的相关性，并将这部分数据与在茂石化得到的结果进行对比。

在数据分析的基础上，进一步联系社会大环境（如茂名市改革开放后的变化，普通话、广州话、茂名话的功能和地位等），运用社会语言学的相关理论对得出的结果进行解释，验证并补充以往语言使用情况调查的研究成果。

5. 研究质量和局限性

本人1992年出生于茂名市高州市，1997年移居到茂名市城区就读小学、初中和高中，2010年才到北京进修学士和硕士学位。我的父母等亲人都居住在茂名，虽然父亲祖籍是海南，但他从小也是在高州市所辖的乡镇成长，长大后在高州市和茂名市城区工作，没有离开过茂名市。母亲祖籍是广东省江门市下辖的台山市，母亲的母语属于粤语次方言四邑话。我本人从小在茂名话、台山话和普通话三言环境下成长，以茂名话为母语，能够熟练地运用茂名话和普通话与他人进行沟通，同时，我可以听懂绝大部分的四邑话，但不能流利地使用台山话与他人交谈。

因此，对于茂名市石油工业移民语言状况的调查，本人在语言、人际关系等方面都非常有优势，再加上本人受过较为专业的社会语言学训练，具有一定的理论知识和田野调查实践经历，我们有信心做好本次调查和研究。

但也是由于个人知识和经验的不足，在语码转换等方面的知识上仍然存在空缺，文章创新点不多，研究的思路大致与前人一样。并且在调查对象的选择上，由于时间有限，并不能做到对茂石化所有员工进行问卷调查。由于茂石化对员工信息严格保密，所以我们不太清楚各个部门的人员组成情况，不能做到完全的随机调查，只能尽量地从兼顾调查对象的社会属性角度选择调查的部门。在数据分析方面，因为没有掌握专业数据分析的理论，可能在数据处理方面存在不周到的地方。在今后的研究中，我们会加倍努力，改正缺点、弥补不足，提高论文的质量和水平。

四、论文大纲

第一章　导言

一、研究问题

二、研究意义

三、研究的背景

四、已有研究成果

（一）关于茂名市语言状况的研究

（二）关于移民语言的研究

第二章　研究设计

一、研究假设

二、研究对象

三、资料收集方法

参考文献

[1] 安超. 民族杂居地区中小学生语言使用情况调查[D]. 北京：中央民族大学，2010.

[2] 曹琴. 东莞市工业区外来人口语言态度研究[D]. 广州：暨南大学，2006.

[3] 曹志耘. 关于濒危汉语方言问题[J]. 语言教学与研究，2001 (1).

…………

（本文为中国人民大学 2017 级硕士学位论文开题报告，有改动）

练习 2

说说开题报告和引言部分的相同点与不同点是什么？

课后实践：写开题报告

根据所选课题及前期研究，为本课题撰写开题报告。内容应该至少包括：论文题目、研究的主要问题、研究现状综述、论文框架、参考文献。

第六课　比较论述

本课重点

1. 书面语训练：为、即、于
2. 比较的表达法

阅读讨论

这段内容作者论述了什么观点？作者是怎么论述的？

（二）创世方式

在创世方式上，中西创世神话之间的差异也是明显的。希腊创世神话里以宙斯为领导的众神体系其实是建立在血缘关系上的一个庞大的家族，都是产生于两性的结合，而天地万物也是"生出"来的：大地生出天空、山脉与大海；大地与天空合生泰坦神，就连黑暗、黎明、春夏秋冬等自然现象也是生出来的。北欧的创世神是"由不可得见亦不知所来的'力'——所谓'万物主宰'——的意志产生出来"的，然后他又生下了奥定、费利和凡三个主要神。他们又与冰巨人结合生下其他神。最为轻松的是希伯来神话，上帝只要说"要有光"就有了光，只要说"天下的水要聚在一处，使旱地露出来"事情就办成了。在这里，所有的一切都是"上帝说"的结果，一切创世活动何其轻松！

相比之下，中国的创世神的创世活动常常带有更多的艰辛与悲壮。先从汉族创世神话看,《庄子·应帝王》里记载:南海之帝和北海之帝为了报答中央之帝浑沌,就尝试给他凿七窍,凿了七天,浑沌死了,新的世界却由此产生了。这个神话说明世界是用凿凿出来的,即劳动创造了世界。创世神有时甚至还要为创世付出生命的代价。如盘古为了开辟天地累死了,死后身体化为河山草木、日月风云。拉祜族的创世神厄莎造了天地之后,天地没有骨而太软,他就把手骨脚骨抽出做了天骨地骨。在这里,创世没有田园诗那般浪漫与新奇,一举一动都是血与汗的流淌,骨与肉的铸就,是创世神自我生命的幻化!这是中国创世神的一个重要的特点。

参考文献

[1] 茅盾. 神话研究[M]. 北京:百花文艺出版社,1981.

[2] 圣经[Z]. 上海:中国基督教协会,1996.

[节选自李艺:《宙斯与盘古:中西创世神话之比较》,《广西民族学院学报(哲学社会科学版)》2001年第6期]

一、书面语训练:为、即、于

"为"和"即"都是动词,相当于"是"。"为"经常用在另一个单音节动词的后面,表示一种结果状态,如"最为轻松的是希伯来神话",还可以理解为"成"等意思,如"身体化为河山草木、日月风云"。"即"常用来解释、下定义,说明前后两项表达的意思相同,如"这个神话说明世界是用凿凿出来的,即劳动创造了世界"。其中的"即"的意思是"就是"。

"于"介词,引出时间、地点时点或对象,引出对象的时候,一般位于动词后。如本文中的"都是产生于两性的结合"。

练习 1

根据提示用"为""以……为"改写句子。

（1）把这些陈述句改写成疑问句。（动词＋为）

（2）简单地把学习成绩规定成标准的评价体系最终会被舍弃。（动词＋为）

（3）其中作者的自画像最珍贵。（以……最为）

练习 2

把下面句子改写成带有"……于"的句子。

（1）张三，在北京出生，是从中国人民大学毕业的。

（2）今年的经济增速明显比去年高。

（3）学习的进步是因为掌握了好的学习方法。（得益于）

练习 3

根据上下文，在空白处填上"即、于、为"。

番茄_____平常所说的"西红柿"，是老百姓饭桌上最_____常见的蔬菜。番茄不是产自中国本土，而中国人习惯_____把从外国传入中国的东西称_____"番某某"；番茄的外形类似中国本地的茄子，因此被命名_____"番茄"。

二、比较的表达法

比较的结果，一方面能看到不同或差别，另一方面也能看到相同或相似。

在表达差异的时候，常常使用差比句，在一个句子中表现出二者的不同；也可以在更长的两个句子或者两个段落之间，用"相比之下""与……相比""相反"等之类的词语显示这是一种比较的结果。例如：

（1）《德伯家的苔丝》对基督教道德观的虚伪及欺骗性进行了有力的控诉；<u>而</u>《黑骏马》<u>则</u>对草原佛教和原始习俗进行了深刻的探究和反思。

（2）虽然，英语报纸中的间接转述<u>远远少于</u>汉语报纸，但是在直接转述和自由间接转述的使用上却<u>远多于</u>汉语报纸中出现的频率数！

（3）如表所示，英语报纸中的间接转述为 2 108 个，占转述形式总数的 45%，接近一半；而汉语报纸中出现的间接转述共有 1 652 个，占转述形式总数的 74%，<u>与英语相比，差距非常大</u>！

（4）从中美两国对各自软实力的认知看，美国更强调自己软实力的绝对性一面。

在表达相似或相同的结果的时候，常常使用"都""也""均""一样""不相上下"之类的词语。例如：

（1）两部小说<u>都</u>描写了乡村的爱情悲剧。两部作品国别不同，时代各异，但是通过比较，我们发现两部小说的<u>题材和风格十分相似</u>，特别是女主人公苔丝和索米娅<u>存在着异曲同工之妙</u>，反映了东西方男权社会中女性的普遍命运。

（2）两部小说<u>都</u>突破了现实主义常用的陈述事物的手法，探讨了<u>相同的</u>社会道德问题，并且<u>都</u>把批判的锋芒直指社会的落后面。

（3）在汉英报纸新闻语篇中，间接转述的使用频率<u>均</u>最多。

（4）除了间接转述，直接转述在汉英报纸新闻语篇中的使用频率<u>也</u>很高。

以上都是静态比较，还可以动态比较：对历史发展过程中的前后情况进行比较。前面的比较表达手段在动态比较中同样适用，例如：

（1）<u>与改革开放前相比，</u>中国外交的确展现出了新面貌、新姿态和新理念。

（2）1980 年中国的城镇居民仅为 1.9 亿，25 年后这个数字已达到 5.4 亿，增长了 180% 。

不过在历时比较中，更多的是一种动态变化的陈述，例如："中产阶级在不断扩大，越来越多的中国人拥有了休闲度假时光。"

下面是一些常见的比较的表述方式：

对……来说，要比……得多

相对于……来说，更……/形容词＋于……

和/与……相比，……更……

差距极大/非常之大/很明显

相比之下，……不像/没有……那么……

相反，……要……得多

在……上，……之间的差异也是很明显的

（远远）少于/多于……

一方面，……；而另一方面，……

……，而……（则）……

……与……很/十分相似

……和……都/均……

……也……

练习 4

根据所给信息，用所给的字词或格式写比较句。

（1）西方悲剧要求悲剧主人公一般是英雄伟人贵族式的人物

在中国，悲剧角色一般具有弱小善良的特征

……，而……

（2）对于一些外来词，普通话里从来就没有音译词，一直是意译词

　　　香港话，都是音译词，香港的音译词非常多

　　　……而……则……远远多于……

（3）西方创世神话中创世的过程很轻松

　　　中国境内的创世神话创世的过程常常很艰难、很痛苦

　　　……，相比之下，……

（4）汉语有敬语表达方式

　　　日语有丰富的敬语表达方式

　　　……均……

（5）A 国的应急处理方式跟 B 国不一样，效果没有不同

　　　……有异曲同工之妙

练习 5

把下面打乱顺序的句子排列起来，形成一段完整的话。

（1）希伯来神话虽只有上帝是唯一的神，但除了他之外还有众多的天使，他们是上帝意志的执行者，只是不能称为神罢了，因此从某种意义上说，希伯来神仍构成了以上帝为核心的完整体系。

（2）在希腊神话里，在主神宙斯的领导下，海神、冥王、战神、太阳神等各司其政，共同参与创世大业，形成了建立在血缘关系上的秩序井然、分工各异的创世神体系。

（3）西方创世神话最明显的特点是创世神有很强的系统性。

（4）北欧创世神体系与希腊的很相似：主神奥定与兄弟费利和凡分管陆、海、冥三界，奥定的子女神及其他神也直接或间接地与奥定有血缘关系，他们共同创世，形成了以奥定为核心的家族创世集团。

　　　正确的顺序是：_____

练习 6

在统计调查结果的时候常常会进行比较，下面这段话就是在说明调查结果的时候进行的比较，请找出这一段落使用了哪些比较表达手段，并进行分析。

世界各国之间的收入差距极大。1999 年，高收入国家的人均 GNP（国民生产总值）是低收入国家的 63 倍，是下中等收入国家的 21 倍，是南亚国家的 58 倍，是撒哈拉以南非洲国家的 51 倍。高收入国家人口仅占世界人口的 15%，却占有世界收入的 78%，世界其他 85% 的人口却只占有世界 22% 的收入，而 3/5 生活在世界 61 个最贫穷国家的人口只获得世界收入的 6%。一方面，在少数高收入国家，居民们享受着极高的生活水平（平均每天 70 美元），另一方面，在发展中国家有 12 亿人口生活在每天生活费用不足 1 美元的状态下，有 28 亿人口生活在每天生活费用不足 2 美元的状态下。1999 年世界人均 GNP 最高的国家的人均 GNP 是世界人均 GNP 最低的国家的 444 倍，世界个人收入分配的基尼系数达到将近 0.7。因此，从世界范围来看，国与国之间的收入差距极大，世界范围内的居民收入差距远远大于一国范围之内的居民收入差距。

（节选自曾国安：《20 世纪 80、90 年代世界各国居民收入差距的比较》，《经济评论》2002 年第 1 期）

练习 7

根据下表对 A、B 两部小说比较的结果，写一段话。

	同	异	
内容	描写乡村的爱情悲剧，探讨社会道德问题	A 小说揭露了人性的虚伪	B 小说对原始习俗进行批判
写作手法	现实主义		

练习 8

小金同学在研究希腊神话和东方神话，他发现：

希腊神话中各神各司其职，互不干涉。日月天地的诞生也是说有就有，没有任何来源的。

东方神话，天地各物都有来源：

中国神话里盘古的身体变成了天地间的各个部分。

印度神话《梨俱吠陀》：原人布鲁沙死后，嘴变为婆罗门（Brahmana），双臂生成刹帝利（Ksatriya），双腿变成吠舍，两脚生出首陀罗（Sudra），意念产生月亮，眼睛变作太阳，口中生出因陀罗（武勇神）和阿耆尼（火的神），呼吸生出风神，脐产生空界，头演化为天界，双脚生地界，耳中生四方。

小金得出结论：东方的创世神话注重联系，而希腊的创世神话不注重联系，万物之间没有关系。

请你帮助他写一段话，把这个观点论述出来。

注意：对于段落写作来说，一般要写出一个总括句，也就是观点句，然后用例子或其他证据来展开论述。

课后实践：写初稿

小论文第五步：根据大纲，撰写论文。注意：题目居中，段前空两格，分章节，最后是参考文献，字数要在 3 000 字左右。

第七课　结语写作

本课重点

1. 书面语训练：双音节词
2. 结语的内容与写作方法

阅读讨论

阅读材料，然后说说作者的这篇论文主要做了什么工作？得到了什么结论？

汉语言本科专业留学生论文写作指导课课程设置浅议

陈淑梅

四、结语

综上所述，开设面向本科阶段留学生的论文写作指导课不仅必要，而且可行。但是，这门课的开设必须以普通的写作课为基础。要开设毕业论文写作课，必须对整个汉语言专业本科阶段的写作课予以整体的规划，以使各层级形成有效的衔接。

首先，应该提高对本科生写作课、学生的写作练习的重视。因为如果没有经过一般的写作训练，毕业论文的写作是难以想象的。中山大学在此方面作了相应的规定，对本科生的写作任务作了具体的量化要求，分别为二年级完成十五篇，三年级完成十篇，并使之成为写作课成绩的重要组成部分（分别占总成绩的 60% 和 50%），目的就是督促学生，加强写作方面的基础训练，尽量争取在语言方面过关。

其次，需要明确各年级写作课的层级与衔接。本文认为，在学习了记叙文、说明文、议论文等基础文体之后，还应该增加调查报告以及影评、书评等评论文的写作，进一步训练学生在客观分析、抽象概括方面的表达能力。在此基础上，从开设毕业论文写作课，顺利过渡到学位论文的写作。为此，需要细化汉语言专业本科各年级的写作任务大纲。具体来说，在教学内容上，本科二年级应该学会小应用文、日记、简单的记叙文，以及复杂的记叙文、说明文、游记的写作，而本科三年级应该学会议论文、高级应用文、读后感、调查报告、读书报告、书评（包括影评）的写作，经过了这些铺垫和过渡，就可以开设毕业论文写作课了。

具体而言，这门课应该开在本四上学期，每周两节，开设一个学期。课程内容既包括选题、论文的题目、格式、注释、参考文献的标注方式等知识性内容，也包括逻辑思维能力以及语言形式的训练，在引言、结尾、摘要等部分布置相关写作练习。经过这些训练后，在学生真正开始写论文的时候，再分配给各个导师指导，就会大大降低写作和指导难度。

总之，这种建立在本科二、三年级写作课基础上的针对难点所进行的写作训练使论文写作变得有法可循，能够在一定程度上使留学生提高逻辑思维能力，增加其对于论文整体结构以及语言形式等方面的自觉意识，掌握学术论文的写作方法和写作规范，有助于使学生顺利过渡到毕业论文写作阶段，为毕业论文写作做好铺垫，少走弯路。

（原文载于《海外华文教育》2012 年第 1 期，有改动）

一、书面语训练：双音节词

汉语书面语的一个特点是音节匀称，因此常常使用双音节词。有些口语中可以用一个字说的，书面语里要换成两个字的同义词。如："开设写作课"口语中的说法是"开写作课"，"予以整体规划"口语中的说法是"做个整体规划"，又如下面几组词，单音节的是口语词，双音节的是书面语：

要——将要	高——高度	埋——埋葬
读——阅读	远——遥远	有——拥有/具有……

另有一些结构，要求其中的 VP 不能是单音节的，如"……的 VP"（如"这门课的开设""这本书的出版"）、"通过/经过/出于……"（如"通过大家的努力""经过讨论""出于好意"）等。

还有一些词语，要求跟它搭配的必须是双音节词，例如"加强写作方面的训练"中的"加强"，"形成有效的衔接"中的"形成"。这样的词还有："加以、给予、予以、进行、难以、随着、从事、无法、禁止、遭受、表示、危害、损害"，等等。

练习 1

请按照提示将下面的句子转成书面语表达。

（1）到北京了（到→到达）

（2）上面的字很难认（难→难以　认→辨认）

（3）我国政府也是这样想的，认为不能去。（出于……考虑　去→前往）

（4）他想过之后做出了一个旁人理解不了的很危险的决定。（想→考虑　……不了→无法……　很→极其）

（5）中西创世神话差得可多呢。（差→差别　多→明显）

练习 2

把下面的句子补充完整，注意使用双音节词。

本文对中西创世神话进行了＿＿＿＿＿＿。通过＿＿＿＿＿＿＿，我们认为，这些不同是由民族文化心理＿＿＿＿＿的。在国家之间的交往中，必须重视这些＿＿＿＿＿，否则会对经济文化交流产生＿＿＿＿＿，造成＿＿＿＿＿。

练习 3

选词填空。

影响　造成　迟缓　运用　增长

一般认为，人的学习潜能随年龄＿＿＿＿＿而递减。所以很多人认为学语言越早越好。但这里的"语言"指的应当首先是母语，因为这段时间孩子才开始咿咿呀呀地学说话，如果父母过早让他学外语，很容易＿＿＿＿＿孩子语言混淆，反而会导致语言发育＿＿＿＿＿，＿＿＿＿＿孩子语言能力的发展。不仅过早学习外语会这样，家庭中家长如果同时＿＿＿＿＿多种方言，同样也会让孩子产生语言混淆。

二、结语的内容与写作方法

论文的结尾，一般会有结束段落，或者是结论，或者是结束语，还有的文章会有余论。结论部分是对研究结果、研究结论进行概括陈述，也是对整个研究的总结，还可以在结论中提出建议、研究设想、启示或改进意见、尚待解决的问题等。核心部分有三个方面：

（1）总结主要的研究成果：重述论文的研究方法及主要观点；

（2）探索研究意义及应用、启示、建议；

（3）局限性、不足及展望。

不过，也并不是所有的论文都需要有结束段落，有的论文会以建议或者对问题的讨论或者最后一个问题的讨论部分为结尾，没有专门的结语部分并不影响文章的完整性。

样例 1

5. 结语

通过本项调查与分析，我们可以得出以下 4 个结论：

（1）我国高校英语写作教学现状不容乐观，学生对英语写作教学的满意度低，兴趣不高，高水平的英语写作教师缺乏，外籍教师的写作教学水平不高。

（2）学生在大学期间接受系统学习的体裁不够丰富，教学内容的应用性不够突出，应用性的体裁文章教授得不够全面，未能体现学以致用的原则。

（3）学生在英语写作中仍然存在着许多困难，最突出的困难可以归纳为 3 点：英语词汇量少；不知道不同体裁的文章在结构、内容以及语言表达上有什么要求，因此不知道该写什么或如何下笔；不能用英语思维，更多的是借助于汉语进行翻译写作。

（4）目前高校教师体裁分析意识还不是很强，对范文语篇的分析及讨论缺乏理论指导，未能运用有关理论进行语篇分析或习作讲评。

尽管我们的调查规模不大，但是相信所得出的结论对改进我国的英语写作教学有一定的参考价值。我们认为，大学英语写作除了加强词汇和语法基础的训练以外，一开始就应该从语篇入手，让学生接触不同类型的体裁，特别要加强教师和学生的体裁意识训练，以便对写作目的和写作的内容结构有明确的认识。这样做不仅可以提高学生的兴趣，也可加强学生的学习动力。我们正在用体裁结构潜势做教学实验，以后将详细报告实验结果。

（节选自蔡慧萍、方琰：《英语写作教学现状调查与分析》，《外语及外语教学》2006 年第 9 期）

样例 1 的结语由两个部分构成：研究结论（主要发现）、研究意义及后续研究。在最后一部分，除了研究意义和后续工作的介绍，其实也介绍了研究的局限性和建议："尽管我们的调查规模不大"是说明研究的局限性，"我们认为，……一开始就应该……"是对大学英语写作教学的建议。从这个例子可以看出，在结语中，前面所述的三个核心部分，并不一定都表现为体量均衡的几个部分，可能会事例在一起出现。

在论文写作中，"结论""结束语""结语""余论"的写法是不同的。"结论"的主体是归纳、重述主要发现或结论。"结束语"主要在于收尾，主体内容是通过本研究获得的启示或者说明本研究的缺陷或不足以及未来打算继续研究的内容。"余论"是在研究过程中发现的相关问题或者论文写作中"意犹未尽"的内容，在正文结束之后提出来加以说明或期待以后的研究。"结语"可能会包括"结论"和"结束语"，还可以包括"余论"。

样例 2

4. 结束语

总之，通过对这五大类转述形式的分析，我们可以从中观察出汉英报纸中呈现出来的不同特点和规律。这些特点和规律一方面与中西方新闻报道的写作模式和思维方式有关，另一方面也与《纽约时报》和《人民日报》的不同风格有关。我们的分析也可以折射出中西方在意识形态、新闻价值和写作模式上的一些不同。

此外，对我们国家和传媒业也应该有所启示。作为主流的媒体，《人民日报》等国内报纸应该想方设法走下昔日高不可及的神坛，转向大众化、生活化，功能定位也应该由教化型转向服务型，使报纸的信息配置更加全面和合理，在不牺牲信息传播的情况下，为读者提供娱乐和服务，进一步增强对公众的亲和力。

（节选自高小丽：《汉英报纸新闻语篇中转述形式的对比分析》，《外语学刊》2013 年第 2 期）

样例 3

4. 结束语

要提高大学英语的教学质量涉及许多方面的因素，其中科学的测试方法是十分重要的。我们必须从大学英语的教学实际出发，不断研究和探索，找到科学合理的大学英语测试模式，使测试真正成为诊断教学和指导教学的有效手段。

（节选自郭丽：《大学英语校内测试模式的调查与分析》，《外语界》2003 年第 2 期）

样例 2 和样例 3 都是"结束语"，可以看到，与样例 1 的"结语"不同，内容上没有出现研究结论，主要介绍从研究工作中得到的启示及建议，或者再次强调研究的重要性。

样例 4

第 4 章　结语

随着近年来中国的迅猛发展，来华留学生人数也在不断地增长。接受学历教育的留学生越来越多，毕业论文写作是一个无法回避的问题。为了完成学历教育，留学生需要进行毕业论文的撰写，然而，在毕业论文写作中往往存在各种各样的问题。

本文搜集了中国人民大学文学院汉语言专业及汉语言文学专业 2008—2010 级的本科毕业论文，共计 170 篇，从留学生毕业论文的选题方向、研究方法、论文结构等方面展开分析。在统计分析的过程中，引进了体裁分析方法，采取定性和定量相结合的研究方法，探讨了留学生本科毕业论文的特点和存在的主要问题，并对如何提高论文写作质量提出了针对性建议。

根据统计分析结果，我们发现，在选题方向上，留学生毕业论文的选题主要集中在文学、语言学、文化等方向，同时又涉及哲学、教育、经济等多个领域，关注热点问题，呈现出丰富多样、与时俱进的特征。在研究方法上，留学生毕业论文的研究方法主要有文本分析法、文献研究法、对比分析法等，存在的问题主要是部分研究方法运用不合理，比如文献研究法缺少对文献的解读、分析，对比研究法的分析不够深入。在论文结构上，本文对论文题目、摘要和关键词、主体部分及参考文献进行了细致的描述和分析。论文的各个部分都存在着不同的问题。论文题目的问题在于范围过大，不够简洁明确；论文摘要和关键词出现写作不规范的现象，与论文内容脱节，摘要写作更倾向于对研究背景的介绍；论文主体部分包括引言、正文和结论，部分论文正文结构不完整，缺少引言或结论，引言和结论的写作没有抓住重点；参考文献存在引用不权威，格式不规范等问题。

　　针对留学生毕业论文写作中存在的各种问题，一方面应注重并加强教师指导，教师针对留学生毕业论文写作的各个环节的特点和问题进行相关指导；另一方面应重视论文写作相关课程的设置和研究，在课程中普及论文基础知识，进行研究方法的指导和训练以及具体的写作训练。

　　当然，本文在研究过程中存在不足之处。受本人研究能力、研究资料、研究方法等的限制，对有些留学生毕业论文的问题的剖析只能停留在对选题、研究方法、研究内容等的较为浅显的统计分析上，对问题存在的原因及对留学生写作造成的影响没能进行更加深入的剖析。同时本研究也仅限于对中国人民大学文学院留学生毕业论文的研究，样本数量有限，未能对其他学校和其他专业的留学生毕业论文作出研究，这也有待今后进一步进行研究。

　　毕业论文写作作为留学生学历教育中的最后一个重要环节，应该得到留学生以及学校、教师的重视。本文对留学生本科毕业论文中的问题的探讨，希望能够为今后留学生本科毕业论文的写作提供一定的指导意义。

　　（节选自孔凡娣：《留学生本科毕业论文统计与分析》，中国人民大学硕士学位论文，2015 年）

　　样例 4 是毕业论文中的结语部分，而样例 1～3 是期刊论文的结语部分，相比之下，毕业论文的结语部分显然要比期刊论文的结语部分内容丰富，篇幅也长。样例 4 一共有 6 个自然段，开头第 1 段简要概括了该论文的研究背景，第 2 段概括说明了论文的研究方法和主要内容，第 3、第 4 段概括说明了本文的研究结论，其中第 3 段介绍了论文的主要发现，第 4 段介绍了建议和对策。第 5 段介绍了研究不足及未来研究方向，第 6 段再次简短总结研究意义、收尾。

需要注意的是：在结论部分，不应该再出现新的观点或材料；结论部分也不能写成致谢或者发表个人感慨。

结束语部分常用的语块有：

综上所述　　总之　　总而言之　　总起来看

本文运用……方法，对……进行了……

本文主要研究了……

本文主要考察了以下几个方面的内容

通过本次调查／本文的研究，得到以下结论：……

通过对……的分析，可以看出／折射出／反映出……

通过研究……，并比对／对照／结合……，不难看出／发现……

对……也有所启示：……

本文的研究表明：……

本项研究主要有以下几个发现／结论：……

以上结论对……具有一定的指导意义／借鉴意义／启示：……

本文的不足之处是：……

后续研究重点是……

在后续研究中，本文将针对这方面的欠缺与不足，对……进行（进一步）……

还有很多问题值得进一步探讨

练习 4

排列顺序。

（1）这一差别的存在是长久的，不易改变的。

（2）综上所述，

（3）以期促进本民族更好的发展。

（4）中西两地民族居住的地理环境、历史契机和文化传统等方面的不同造成了中西创世神话的鲜明差异及民族意识、文化心理等方面的巨大差别。

（5）这需要中西两个异质文化背景的民族国家的人民认真去反思，取长补短，

正确的顺序是：_____

练习 5

请用所给词语，把下面这篇论文的结论部分补充完整。

呈现出　有所上升　从本文的研究可以发现

另一方面　逐渐跃升为　也说明了　最为重要

择偶标准变化是社会政治、经济、文化变化的晴雨表，_____，有一些因素是不变的，比如女性的生理条件是自身_____的婚恋资源，因此，女性一般会更多地提到自己的相貌、身高等信息，而女性对对方的要求中，社会经济条件也是最受关注的。_____，随着时代的变化，有些因素会有所变化，表现为：①女性对男性学历、职业的关注有所下降，而对事业的要求_____，这反映了我国收入的多元化和频繁的职业分化。②对财产的要求上升，这反映了女性择偶_____越来越实惠化的趋势。③女性对男性的外貌条件要求不是很高，对男性身高的要求也呈现下降趋势，_____女性择偶的实惠化倾向。④人品_____女性关注的最重要因素，体现了女性婚恋观念的改变和提高。

练习 6

分析下面这篇学位论文结语部分的结构。

结　语

本文在总结汉语教材本土化历程、学界对汉语教材本土化研究现状和津巴布韦汉语教学发展现状及目前教材使用现状调查的基础之上，考察了目前津巴

布韦使用人数较多、使用频率较高和适用范围较广的汉语教材——《快乐汉语》《HSK 标准教程》《新实用汉语课本》和《发展汉语》的使用情况，并以目前使用人数最多和潜在市场最大的《快乐汉语》为例，对这一教材做出本土化设计。

通过对汉语和津巴布韦母语绍纳语的语音系统及上述教材的语音项目选择、排序及注释的总结与对比，我们认为，《快乐汉语》教材中没有复韵母学习内容、语音项目排序完全按照《汉语拼音方案》和无语音注释的特点给津巴布韦学习者带来不便，所以从增加复韵母的内容、调整语音项目的顺序和增加语音注释内容等方面对该教材做出语音本土化设计。

通过总结汉绍词汇对应情况、分析津巴布韦学习者常见的词汇偏误和考察上述几类教材的词汇，针对《快乐汉语》词汇不能满足学生表达需求和量词学习偏误严重的情况，我们认为本土化教材应该增加本土化词汇和量词"口"的学习内容。

通过对几部教材隐性和显性文化内容的考察，针对教材中无显性文化介绍内容的问题，本文认为有必要适当增加本土文化，所以从增加中国文化显性介绍、内容人物形象、场景设置角度对该教材文化部分进行本土化设计。

本文关于津巴布韦汉语教材本土化的探讨基于教材对比分析和一线教学反馈，相关讨论也将回馈津巴布韦汉语教学和教材发展。教材设计和改编是一门大学问，由于本人学力有限且在津教学时间只有两年，论文多有不足之处。同时希望更多的学者关注非洲本土化汉语教材发展，为汉语在非洲的推广做出贡献。

练习 7

下面是一篇学生论文的结尾部分，请说说这个论文结尾部分存在的主要问题是什么？

我写完这篇毕业论文后的感慨是很多的，成就也是如此。一开始我选到这一"《论语》里的'曾子曰'"的题目时只是想了解曾子在《论语》这本书中所提到的、所提倡的道理和言语而已，但是写完论文之后的想法与刚开始完全不同。写这篇论文的过程中，曾子的言行不仅给了我好多提醒和启发，还进行了自我反省。曾子在《论语》这本书中的言行主要是关于孝道、仁德、修养、君子等方面的问题，一想起他的主要观点的话，他的观点与我的观点是大致相同的，我也明明了解到并思虑到这些观点的，但是回顾平时，我却没自信做到这些行为。写完这篇论文，我就对自己进行了深深的反思，平时的我虽然明白那些道理，一听那些道理就了解并赞同，但一说起"实行"就很难了。这就是我通过写毕业论文后的最大收获，在分析、研究、懂得曾子所说的言语中感悟到了新的思考点、反省点、转折点。我真心地感谢能有机会回顾到以前的我，并使我扩展了新的视野、新的方向。

（节选自学生习作《〈论语〉里的"曾子曰"》）

课后实践：准备交流

小论文写作第六步：继续撰写论文，准备交流。检查：是否有题目、正文、参考文献？是否有 3 000 字？将主要内容整理为 PPT，以便课堂交流。

同行交流是科学研究过程中非常重要的一部分，在交流中，可以对课题有更加全面、客观的认识，了解研究、认知上的盲点，获取忽略的材料或信息。同时，在交流过程中，自己也可以把研究成果重新整理一遍，使思路更加清晰、更富有逻辑性。因此，在研究过程中务必要重视与同行的学术交流。

第八课　参考文献与引用

本课重点

1. 参考文献的格式
2. 文献引用与注释

阅读讨论

这段材料中的 ［1］ 是什么意思？

　　学术英语写作能力是应用能力的重要组成部分，目前已成为高校英语教学重点培养的技能之一。但是，作为一线英语教师，笔者发现很难选择一本符合教学改革要求、适应学生英语写作水平、满足学生学术英语写作需求的教材。教材的选取不仅影响到新的教学模式的开展，而且最终会影响学生的学习效果，但是目前国内外语界对教学模式、教师及学习者的关注远远超过了对教材的关注。[1]本文拟通过对2005—2014年我国出版发行的高校学术英语写作教材进行调查分析，发现高校学术英语写作教材编写出版过程中存在的问题，并提出相关对策，以期对学生学术英语写作能力的发展与培养提供一定的帮助。

参考文献

[1] 蔡基刚. 试论影响我国大学英语教材健康发展的外部因素[J]. 中国大学教学，2006(6)：59-61.

（以下略）

（节选自于强福、尚华：《国内学术英语写作教材出版现状研究》，《教育评论》2016年第2期，有改动）

一、参考文献的格式

前面的课堂上分别介绍了比较常用的期刊论文、论文集论文、专著、学位论文的文献信息写作方式，所采用的格式是目前比较常见的一种参考文献写作方式，总结如下：

姓名. 文章名[J]. 期刊名，年，卷(期)：开始页码-结束页码.

姓名. 书名[M]. 出版地：出版社，年.

姓名. 文章名[C]//编者. 论文集名. 出版地：出版社，年：开始页码-结束页码.

姓名. 文章名[D]. 学校所在地：学校名，年.

示例如下：

[1] 王利刚，余春晖. 中希神话中蛇意象的对比研究[J]. 安康学院学报，2008，20(6)：46-48.

[2] 罗青松. 对外汉语写作教学研究[M]. 北京：中国社会科学出版社，2002.

［3］仇鑫奕. 汉语言专业留学生学士学位论文分析报告［C］//蔡昌卓. 多维视野下的对外汉语教学研究——第七届国际汉语教学学术研讨会论文集. 桂林：广西师范大学出版社，2009：225－229.

［4］王淑云. 主位选择对英语专业本科生毕业论文写作质量的影响［D］. 西安：长安大学，2010.

以上格式中有些项目不是必需的，例如期刊论文的"卷"，如果某些汉语期刊中没有卷次信息，可以不写。

其他类型的文献格式，请参看《信息与文献　参考文献著录规则》（GB 7714—2015）。

需要说明的是，具体到某个学校、某刊物，对学位论文或投稿论文参考文献的格式都有自己的要求，需要相关写作者严格遵守。

练习 1

下面是某位同学写的参考文献，其中有一些错误，请指出并改正。

（1）伊万. 汉语国际教育［D］. 美国与俄罗斯、乌克兰等大学中文课程比较研究. 山东：山东师范大学，2014：25－27

（2）刘珣，对外汉语［D］. 汉语作为第二语言教学简论，北京：北京语言文化大学出版社，2002

（3）任瑚琏. 第九届国际汉语教学研讨会论文选［J］. 乌克兰汉语教学的现状与发展，2010

（4）刘颂浩. 第二语言习得导论［J］北京：世界图书出版公司北京公司，2007

二、文献引用与注释

前面的课堂中已经介绍了怎样称呼一篇文献，常用的方式是"姓名＋

年"。也可以通过上标的方式进行注释，说明是参考文献中的第几篇文献。

在论文写作过程中，经常需要引用已有的研究，或者直接引用原话，或者通过转述的形式间接引用。不论是哪种形式，都需要及时注明该表述的出处，即是哪篇文章所说的话或是哪篇文章的观点。直接引用如：

（1）中国的问题向来都有其历史和社会的复杂性，法律问题依然如此。"在中国这样一个特殊的条件下，法律问题从开始就不仅是一个法律问题，同时还是一个政治问题、社会问题。"[5]

（2）但是，马列主义经典作家的著作"都是用欧洲文字发表的，在他们的著作中说到中国的事情并不多"[1]221。

间接引用如：

（3）研究表明，教师与学生共同构建的知识比教师直接传授的知识更容易被学生理解、记忆。（程晓堂，2009）

（4）王后雄（2010）根据问题链在化学科目中的教学功能将它们分为引入性问题链、差异性问题链……八大类。而我们可以根据……

（5）品牌资产是顾客或消费者关于品牌联想的结果，这些联想或增加或减少产品、服务所带来的价值（Aaker，1991：249；Keller，2003）。

例（1）和例（2）采用的是加上标的方法，在引用内容的右上方注明所使用的文献在参考文献中的序号。

例（3）至例（5）采用的是随文注的方法，在引用的内容中或者引用完之后，直接说明其来源于哪一篇文章。

请注意标点符号的使用：注释都要放在引用内容之后。使用"姓名＋年"

的形式标注时，如果在句子里，就用"姓名（年）"；如果是在句子之外，用"（姓名，年）"的形式，两个以上文献需要用分号隔开。直接引用时，如果引用的内容是完整的句子，采用上标的形式时，原来的标点写在引号内，如例（1）；如果只是引用片段，就不保留原来的标点，在引号后面先写上标，再加句子的标点（逗号或者句号），如例（2）。

还要注意：在一篇文章中如果引用了同一个人同一年发表的文章，可以分别在发表年份后加 a、b 等进行区分。例如：

徐昉（2013a）调查发现，学习者对于英语学术写作格式规范缺乏足够的认识[26]。

············

参考文献：

············

[26] 徐昉. 学习者英语学术写作格式规范的认知调查报告[J]. 外语教学，2013a(2)：56 – 60.

[27] 徐昉. 学术英语写作过程与认知研究述评[J]. 外语教学理论与实践，2013b(3)：61 – 66.

练习 2

判断下列句子中引用和标注的对错，错误的地方请改正。

（1）根据《国家汉办公派汉语教师①》介绍，目前，国家公派教师岗位共计 357 个，遍布美洲、欧洲、亚洲、非洲、大洋洲的 92 个国家。

---

① http://www.hanban.edu.cn/teachers/node_9753.htm.

（2）学者伊拉[①]（2012）对乌克兰第聂伯彼得罗夫斯克大学中文课程了解很多。

（3）吕必松（1993）的《对外汉语教学概论讲义》主要对第二语言教材练习类型进行了分类说明，他认为练习要涵盖理解性练习、模仿性练习、记忆性练习……

（4）在《新一代对外汉语教材的初步构想》中明确指出现行教材中语言结构的练习设计大多仍只限于词、句等基本单位的训练。杨庆华（1995）。

练习 3

为下列句子中的下划线部分加上适当的标点符号。

（1）……从语言形式上分为融入式和非融入式两类，而融入式进一步分为作者名称融入和动词支配融入 Swales 1990 徐昉 2012 。

（2）……还表现出引用策略使用的单一，如 余国良 2007 通过对两名英语专业研究生为期十个月的跟踪研究发现，学习者文本中只用到了 Bloch 和 Chi 1995 引用策略分类框架下的背景和引证两种引用策略，而质疑策略几乎未出现。研究不但揭示出中国学习者批判性思维或是批判性思维表达方式的欠缺 余国良 2007 ，同时还指出缺乏质疑精神可能会对写作成绩产生影响 Davis 2013

阅读下面的小文章，回答练习 4~6 的问题。

俗白而不失雅致

——老舍散文《习惯》赏析

《习惯》的语言表现出了老舍散文语言的一贯特点：明白如话，平实质朴。 ① 正如老舍本人所说，"我还保持着我的'俗'

与'白'……我不论写什么，我总希望能够充分的信赖大白话；即使是说明比较高深一点的道理，我也不接二连三地用术语与名词"。然而这种"俗白"并不等同于不假思索、完完全全的口语，它是经过了精心修饰和润色之后的艺术语言。老舍说，"好文章不仅要让人愿意念，还要让人念了觉得口腔是舒服的"。因此老舍语言的"俗白"不是粗俗浅白，而是含蓄雅致、朗朗上口。＿＿＿＿②＿＿＿＿，比如：

　　还有吃西餐呢。干净，有一定分量，好消化，这些我全知道。不过吃完西餐要不补充上一碗馄饨两个烧饼，总觉得怪委屈的。吃了带血的牛肉，喝凉水，我一定跑肚。想象的作用。这就没有办法了，想象真会叫肚子山响！

老舍在说明了西餐的优点之后，话锋一转，好像和读者对面唠家常似的，告诉读者对于他自己来说，西餐虽然有种种好处，然而因为习惯使然，他还是更喜欢传统的馄饨、烧饼。接下来话锋又一转，描摹了吃西餐后的惨状。＿＿＿＿③＿＿＿＿：一个是"怪委屈的"，既自然又亲切，如果换成"很委屈"或者"委屈"则减少甚至完全失去了白话的神韵；一个是"带血的牛肉"，说到没做熟的牛肉一般人就直接说"生牛肉"，"带血的"就生动得多、传神得多，让作者跑肚的"罪魁"形象跃然纸上；还有"跑肚"一词也用得绝，"腹泻"太文，"拉稀"又太俗，品来品去还是"跑肚"好。再一个是"肚子山响"，夸张得极具气势而且生动鲜活，简直很难找出一个可以替代它的说法。

＿＿＿＿④＿＿＿＿，老舍的"白话"是源于生活，又经过锤炼提升了的艺术化的"白话"，恰当得体、流利顺畅。《习惯》全文无一字生僻、无一句拗口，文字清新流畅得如同一叮叮咚咚的山泉，读后使人通体舒适和惬意，不但极具神韵，而且富有音乐的韵律和美感。

（选自朱志荣主编：《实用大学语文》，复旦大学出版社2011年版）

练习 4

选择合适的句子填空。

A. 通过"吃西餐"一例的分析可以看出

B. 《习惯》中这样的例子比比皆是

C. 语言的"俗"与"白"是老舍在文学创作中始终如一的艺术追求。

D. 在这一波三折的叙述之中，有几个词用得极妙

练习 5

本文有两个地方引用了老舍文集《出口成章》里的文章，请根据下面提供的信息，写出本文的参考文献。

老舍的文集《出口成章》，由北京的作家出版社于 1964 年 2 月出版。文集第 45~47 页是文章《关于文学的语言问题》，提到："好文章不仅要让人愿意念，还要让人念了觉得口腔是舒服的。"（第 45 页）

文集中的第 76~78 页是文章《我怎样学习语言》，提到："我还保持着我的'俗'与'白'……我不论写什么，我总希望能够充分的信赖大白话；即使是说明比较高深一点的道理，我也不接二连三地用术语与名词。"（第 77 页）

练习 6

为本文的两处引用加上注释，建议采用两种方法。

（1）加上标法：

……正如老舍本人所说，"我还保持着我的'俗'与'白'……我不论写什么，我总希望能够充分的信赖大白话；即使是说明比较高深一点的道理，我也不接二连三地用术语与名词"。＿＿＿＿然而这种"俗白"并不等同于不假思索、完完全全的口语，它是经过了精心修饰和润色之后的艺术语言。老舍说，

"好文章不仅要让人愿意念，还要让人念了觉得口腔是舒服的"。_____

（2）随文注的方法：

……正如老舍本人所说，"我还保持着我的'俗'与'白'……我不论写什么，我总希望能够充分的信赖大白话；即使是说明比较高深一点的道理，我也不接二连三地用术语与名词"。_____然而这种"俗白"并不等同于不假思索、完完全全的口语，它是经过了精心修饰和润色之后的艺术语言。老舍说，"好文章不仅要让人愿意念，还要让人念了觉得口腔是舒服的"。_____

课后实践：修改论文

小论文第七步：根据讨论反馈情况进一步修改完善论文。特别注意：文中引用的地方是否进行了标注？标点、格式是否正确？

论文的写作是一个不断修正、不断完善、不断学习的过程。在这个过程中，逻辑思维更加清晰，推理更加严密，结论更能够站得住，语言表达更加规范、成熟、流畅。一篇优秀的论文，常常需要多次的修改完善。

第九课　调查法与调查设计

本课重点

1. 书面语训练：中心语＋数量结构、"状$_单$＋中$_单$"
2. 科学研究中的调查法
3. 调查设计及实施情况说明

阅读讨论

下面这篇文章是一个调查报告，请分析讨论：使用调查法有什么好处？如果进行一次调查，应该做哪些准备工作？调查报告一般包括几个部分？

关于中学生阅读情况的调查

一、调查目的

书是人类进步的阶梯。课外阅读是中学生业余生活中不可缺少的环节之一。随着"减负"政策的出台，学生课业负担逐渐减轻，闲暇时间开始增多，这势必为中学课外阅读提供了条件。由于课外阅读已成为学生的"第二课堂"，因而了解当今中学课外阅读情况尤为重要，此项研究通过调查目前中学生喜爱的不同读物，分析个中原因，从而进一步了解年青一代的阅读心理，为相关部门提供参考。

二、调查范围

新华书店、其他书店的部分中学生顾客。

三、调查方法

本文采取问卷调查的方式，共发放问卷330份，收回问卷310份，除去废卷，其中有效答卷280份。

四、调查结果

调查发现，95%以上的中学生爱好课外阅读，由于偏好的读物因人而异，为便于表达结果，我们只将最主要的调查结果列表显示（表略）。

在"您最喜欢的书籍"选项中，男女生不约而同地将"侦探推理小说"放在了首位，这对我们来说并不意外，因为这一类的小说兼有逻辑性强和情节扣人心弦等特点，它们对好奇心强的中学生确有吸引力。卡通漫画在男女生中分别占42%和51.6%，它的广受欢迎，符合现代中学生的心理特点。武侠小说仍得到42%的男生的垂青。看来，英雄豪杰魅力犹存。相比之下，女生青睐于古典名著应与其潜在文学情绪和细腻心思相关。

正处豆蔻年华的少女也不会错过时尚杂志。在"原因"选项中，"逻辑性强"和"情节吸引人"在男女生中分别占58.3%和77.4%。但是"文学性""哲理性""知识性"等选项却少有人问津，此类书籍仍未成为主流。在"影响因素"选项中，"个人兴趣"占据了主导地位，的确，当代学生更讲究独立与个性，可传媒影响力也着实不小。

初高中生课外阅读既有许多相同之处，也有不少差异。在"您最喜欢的书籍"一栏中，"侦探推理"和"卡通漫画"无论在初中生还是高中生中都雄居冠亚军；初中生年纪尚小，受到师长引导的影响较多，所以"古典名著"这类正统教育的经典也开始在初中生中备受关注，有41.2%的得票率。在调查中不难发现：高中生阅读的书籍范围明显比初中生更广，"艺术修养类"和"军事类"在初中生中几乎无人问津，在高中生中却有近15%的得票率。

在"喜欢的原因"方面，高中生的答案更呈现多元化；得票率最高的"情节吸引人"也仅占 61.5%，较之初中生的 70.6% 地位明显下降；此外，"哲理性强"这一原因也在高中生中占一席之地，较初中生上升近 10 百分点。从"影响因素"来看，初中生对周围世界的关注比高中生略逊一筹，传媒推荐在初高中生中分别占 5.88% 与 11.5%，由此可见，高中生更贴近社会，视野更为广阔。随着题海战术日趋淘汰，取而代之的是给予孩子丰富多彩的精神食粮。超过半数的家长全力支持子女课外阅读，必将使素质教育的发展更进一步。对于喜爱的书籍，2/3 左右的青少年选择购买，1/3 左右采用租、借的方法，家长在经济方面的慷慨解囊，为学生的课外阅读提供了有利条件。

至于教师在推荐课外读物中的作用，可谓喜忧参半。喜的是，大多数学生接受教师推荐的课外读物。这足以证明教师在学生心目中的地位。教师为人师表，知识渊博，了解学生，自是最佳的引导者。忧的是，竟有半数以上的教师并不关心学生的课外阅读。看来家长对这个问题更加重视。其实师长对学生课外阅读的指导，不但可取，而且是必要的，它是一个不容忽视的环节。

五、结论与建议

通过此项调查，我们初步了解到目前中学生课外阅读情况：

（1）各类型书籍在学生中都具有一定影响力，但大家仍偏重于侦探、卡通、武侠等趣味性较强的读物。

（2）因性别、年龄不同而导致的择书差异依然存在，但相对而言，后者造成的差异性更为明显。

（3）多数学生对选择书籍有自我主见，然而传媒作用亦不小。

（4）部分师长关心学生的课外阅读，但与预期情况有一定距离。

根据以上调查结果，我们提出以下 4 个建议：

（1）在全面贯彻"减负"方针的同时，要提倡扩展课外阅读，全方位汲取知识，拓宽视野。

（2）加大宣传的力度，定期向中学生推荐一些顺应潮流的读物，起到导向的作用。

（3）教师、家长要重视对学生阅读取向的指导和干预，学校也要提倡并鼓励教师为学生推荐书单，并及时与家长沟通，关注学生的阅读进展。

（4）开展多种阅读讨论展示活动，通过举办讲座、辩论会、讨论会，评选"阅读达人""阅读之星"等方式构建热爱读书的氛围，指导学生"好读书、读好书"。

（文章来源于百度文库，有改动）

一、书面语训练：中心语 + 数量结构、"状单 + 中单"

1. 中心语 + 数量结构

在普通话中，一般使用"数量词 + 中心语"的语序来说明数量，例如：买了一束花，当了两年兵，去了三趟北京。但是如果采用"中心语 + 数量词"的语序，就会带有浓郁的书面语色彩，例如：

本文采取问卷调查的方式，共发放问卷330份，收回问卷310份，除去废卷，其中有效答卷280份。

练习 1

变换说法，使这些句子带有更多的书面语色彩。

（1）我们一共调查了120人，有50名男生、70名女生，他们都是实验二中的学生。

（2）我们的调查从 10 月 1 日开始，到 12 月 1 日，一共花了两个月的时间。一共发了 300 份问卷，收回了 267 份，最后留下了 250 份有效答卷。

2. 单音节词构成的双音节"状_单 + 中_单"

本课阅读文章中，出现了很多由一个单音节副词和一个单音节动词构成的状中结构，如下面这些短语中的黑体字部分：

尤为重要、**确有**吸引力、它的**广受**欢迎、**少有**人问津、**雄居**冠亚军、年纪**尚小**、在初中生中**备受**关注、**略逊**一筹、**自是**最佳的引导者、**更为**明显

这样的结构具有浓郁的书面语色彩。除了以上组合，还有一些常见的组合，如：

颇有、颇受、大有、多有、大为、略无、略加、详加、广为、贵在、深为

在论文中熟练使用这种手段，可以帮助提高论文的写作水平。

练习 2

选取合适的双音节"状_单 + 中_单"，改写下面句子。

（1）近年来，这些颜色词非常受欢迎。

（2）只要轻轻加一点修饰，就能得到很好的效果。

（3）这样一来，公司的地位就更巩固了。

（4）有这种想法的人还真不少。

二、科学研究中的调查法

1. 调查法

为了达到设想的目的，制订某一计划全面或比较全面地收集研究对象某一方面情况的各种材料，并做出分析、综合，得出某一结论的研究方法，就是调查法。

运用调查法的目的是全面把握当前的状况、揭示存在的问题、弄清前因后果，为进一步的研究或决策提供观点和论据，其优点是能在短时间同时调查很多对象，获取大量资料，并能对资料进行量化处理，经济省时。缺点主要是被测试者由于种种原因可能对问题做出虚假或错误的回答。

调查有问卷调查和访谈两种方式。无论哪种方式，都需要提前设计好问题，尽量将影响调查结果的因素提前考虑到，并进行相应的调整。

2. 调查报告

调查的结果常常形成调查报告。调查报告的标题一般有"调查"字样，如"2016 中国海归就业调查报告""关于中学生阅读情况的调查"，当然也有不出现"调查"字样的，如"十五年来中国女性择偶标准的变化"。

调查报告的正文一般由前言、主体和结语三部分组成。前言，一般介绍基本情况并提出问题，交代所调查问题的基本情况，点明调查的结论。主体，即调查的结果与分析，可以按时间顺序写，写清调查事物的发生、发展过程及产生的影响、后果；也可以按问题性质从不同侧面来写。结语，一般是调查结论和/或讨论，要求简明扼要，言尽即止。

调查和实验的研究方法，基本以数据分析为主体，无论是社会科学研究领域还是自然科学研究领域，都广泛使用。记录其研究结果的论文，可以称为调查实验类论文，其写作方法基本一致，主要由调查对象/实验材料与方法和调查/实验结果两部分构成，明显不同于以逻辑推理为主要论证方法的论文。

3. 调查问卷设计

在调查中最常用的一种方法是问卷调查，即通过被调查者作答问卷来获得调查数据。使用问卷调查法的时候，问卷的设计非常重要。

问卷一般有开头和测试题两大块，开头部分一般包括两个基本内容：一个是向被调查者介绍这次调查，引起对方的兴趣和重视，消除其顾虑，以争取对方积极合作。这部分内容要尽量简短。有些问卷还要介绍一下作答要求，让对方知道怎么回答问卷。另一个是了解对方的一些基本信息，例如性别、年龄、学历、身份、国籍、职业等，了解多少信息，要从调查目的、对结果可能产生的影响等方面去考虑。

测试题部分是问卷的主体，设计多少问题，各问题有多少选项，都是在前期调查、分析的基础上形成的，一般来说，在设计调查问卷的时候，调查者对该问题已经有了一个比较全面的认识。这样才能使问卷具有针对性、逻辑性和系统性。但需要注意的是，问题的题干必须客观，不能流露调查者的偏好或倾向，不能诱导对方做出选择。

问卷大多是客观题，为了调查的科学性、全面性，常常和访谈法结合使用。访谈是和调查对象面对面交流获得调查数据的方法。有时候，访谈也可以通过电话或者其他通信手段进行。一次高效、富有成果的访谈，也是与科学、全面、有逻辑的问题设计分不开的。

样例1

对于留学生学术汉语需求的调查问卷

亲爱的同学：

　　您好！

　　我是中国人民大学文学院汉语国际教育专业的一名研究生，目前正在做题为"对于留学生学术汉语的需求调查分析——以北京地区重点高校为例"的毕业论文，该问卷以您在写毕业论文中遇到的困难和希望得到的帮助为主要内容，您的回答对调查的结果非常重要，我们将依照《统计法》对您的作答结果保密，不会对您造成任何负面影响，非常感谢您参与本次问卷调查，祝您在中国学习生活愉快！

2014 年 10 月

基本信息：

性别：_____　　　国籍：_____　　　年级：_____

学校：_____　　　专业：_____

学术汉语： 学术汉语是不同于综合汉语的一种说法，简单地说，留学生掌握了学术汉语，就掌握了一种可以用汉语进行专业学习的能力，这种能力包括可以用汉语撰写专业学术论文、可以读懂汉语专业文献、可以听懂专业汉语学术讲座等一切与专业汉语相关的事宜。

A 部分　学术汉语能力调查

A1. 你目前的汉语水平是？

　　1. HSK 一级　2. HSK 二级　3. HSK 三级

　　4. HSK 四级　5. HSK 五级　6. HSK 六级

A2. 你现在或今后的学习中有没有如下需求？（可多选）

　　1. 选修全汉语的课程　　　　2. 用汉语读本专业的文献和相关论文

　　3. 听学者专家的汉语讲座　　4. 用汉语写学年论文或者毕业论文

　　5. 用汉语查找专业相关资料　6. 没有任何需求

A3. 如有上面需求，你现在可能遇到的困难是什么？（可多选）

　　1. 全汉语的课程听起来非常吃力，跟不上

　　2. 阅读原版教材和专业文献速度非常慢

　　3. 词汇量不够，特别是专业词汇掌握得少，影响阅读

　　4. 用汉语做论文的口头陈述和参加学术讨论有困难

5. 写汉语的专业摘要、小论文等有困难

6. 其他_____（请注明）

A4. 你的专业课老师有没有要求你读本专业的汉语文献资料？

1. 完全没有　2. 基本没有　3. 偶尔有　4. 时常有　5. 经常有

A5. 你认为能够用汉语直接搜索和阅读本专业的文献资料对你的学习和研究重要吗？

1. 完全不重要　2. 有点儿重要　3. 一般　4. 比较重要　5. 非常重要

A6. 你用汉语搜索和阅读专业文献的困难是什么？（可多选）

1. 专业词汇不够　2. 总词汇量不够　3. 文章结构不熟悉

4. 句子结构不熟悉　5. 文章太长，读不下来　6. 抓不住中心思想

7. 其他_____（请注明）

A7. 你的专业课老师要求你用汉语写摘要或者文献综述或者小论文吗？

1. 完全没有　2. 基本没有　3. 偶尔有　4. 时常有　5. 经常有

A8. 你认为能够用汉语写摘要或者文献综述或者小论文对你的学习和研究重要吗？

1. 完全不重要　2. 有点儿重要　3. 一般　4. 比较重要　5. 非常重要

B 部分　论文写作过程中的问题

B1. 你觉得写汉语毕业论文困难吗？

1. 一点儿都不困难　2. 有点儿困难　3. 难度适中　4. 比较困难

5. 非常困难

B2. 你在写毕业论文时遇到的困难是什么？（可多选）

1. 很难定选题　2. 文献综述不会写

3. 找不到合适的研究方法和论证方法　4. 教师指导不够

5. 论文主体框架不清晰　6. 没有掌握写作技巧

7. 其他_____（请注明）

B3. 在写论文过程中，你在定选题时遇到的困难是什么？（可多选）

    1. 找不到合适的选题   2. 找不出该选题的创新之处

    3. 很难判断该选题的意义   4. 其他＿＿＿＿＿＿＿（请注明）

B4. 你觉得读汉语专业文献困难吗？

    1. 一点儿都不困难   2. 有点儿困难   3. 难度适中   4. 比较困难

    5. 非常困难

B5. 对于文献综述的写作方法你了解多少？

    1. 一点儿都不了解   2. 有点儿了解   3. 一般   4. 比较了解

    5. 非常了解

B6. 你们的写作课上有没有练习过文献综述的写法？

    1. 完全没有   2. 基本没有   3. 偶尔有   4. 时常有   5. 经常有

B7. 对于毕业论文写作的相关规范，比如如何引用他人观点，论文格式，

    如何写参考文献等，你了解多少？

    1. 一点儿都不了解   2. 有点儿了解   3. 一般

    4. 比较了解   5. 非常了解

B8. 你计划什么时候开始写论文？

    1. 大三上学期   2. 大三下学期   3. 大四上学期

    4. 其他＿＿＿＿＿＿（请注明）

B9. 你在写毕业论文时最希望得到什么样的帮助？（可多选）

    1. 选题方面给予指导   2. 搜集文献方面给予指导

    3. 语言组织方面给予指导   4. 专业汉语方面给予指导

    5. 写作方法方面给予指导

    6. 其他＿＿＿＿＿＿＿＿＿（请注明）

C 部分　学术汉语课程设置的相关问题

C1. 你们学校你们专业有没有开设相应的毕业论文指导课？

    1. 有   2. 没有

如果有请回答 C2，没有请直接跳到 C3。

C2. 你们学校你们专业开设了哪类论文指导课？

　　1. 文献阅读方面　2. 论文写作方法方面　3. 论文选题方面

　　4. 写作技巧方面　5. 其他_____（请注明）

C3. 你希望学校开设跟你专业相关的专业汉语课程吗？

　　1. 一点儿都不希望　2. 有点儿希望　3. 一般　4. 比较希望

　　5. 非常希望

C4. 如果学校开设一门传授学术汉语技能和学术规范知识的学术汉语课程，你会选修吗？

　　1. 会选修　2. 不会选修

C5. 你希望学校开设哪类学术汉语相关课程？（可多选）

　　1. 文献阅读方面　2. 论文写作方法方面　3. 论文选题方面

　　4. 写作技巧方面　5. 其他_____（请注明）

本次问卷调查到此结束，再次感谢您的参与！谢谢，祝您学习生活愉快！

对于留学生学术汉语需求的个人访谈问题

亲爱的同学：

　　您好！

　　我是中国人民大学文学院汉语国际教育专业的一名研究生，目前正在做题为"对于留学生学术汉语的需求调查分析——以北京地区重点高校为例"的毕业论文，该问卷以您在写毕业论文中遇到的困难和希望得到的帮助为主要内容，您的回答对调查的结果非常重要，我们将依照《统计法》对您的作答结果保密，不会对您造成任何负面影响，非常感谢您参与本次问卷调查，祝您在中国学习生活愉快！

2014 年 10 月

基本信息：

性别：＿＿＿＿＿＿　　　国籍：＿＿＿＿＿＿　　年级：＿＿＿＿＿＿

学校：＿＿＿＿＿＿　　　专业：＿＿＿＿＿

学术汉语：学术汉语是不同于综合汉语的一种说法，简单地说，留学生掌握了学术汉语，就掌握了一种可以用汉语进行专业学习的能力，这种能力包括可以用汉语撰写专业学术论文、可以读懂汉语专业文献、可以听懂专业汉语学术讲座等一切与专业汉语相关的事宜。

访谈问题：

1. 经过本科阶段的汉语学习，你认为你现阶段的学术汉语水平如何？请给出具体的例子。

2. 你认为你本科学校对你提高学术汉语水平的能力起到了多大的作用？

3. 你认为从什么时候起学校应该开设学术汉语课程？本科还是研究生？本科的话从几年级开始，研究生的话从几年级开始？为什么？

4. 有什么样的激励措施会提高你学习学术汉语的积极性？

5. 你认为通过个人努力对学术汉语的提高有什么意义？给出具体说明。

6. 学术汉语四方面的技能——听说读写，你认为哪方面更重要？在课程安排中，你认为这四方面的比重应该如何安排？

7. 你认为什么样的课程能帮助你提高学术汉语的写作能力？请从课堂活动、教材、教师教学方法等方面简单描述一下。

8. 你期待学校提供给你什么样的学术汉语课堂？请简单描述。

　　本次访谈到此结束，再次感谢您的参与！谢谢，祝您学习生活愉快！

　　（节选自刘福英：《对于留学生学术汉语的需求调查分析——以北京地区重点高校为例》，中国人民大学硕士学位论文，2016 年）

样例 2

关于死刑的民意调查

尊敬的先生/女士:

您好！死刑（仅指死刑立即执行，不包括死刑缓期两年执行）是当前我国刑事立法和刑事司法领域改革的一个重要问题。为了了解当前民众对死刑的认识和意向，我们开展了这个调查活动。您的观点对于是否需要保留死刑非常重要，请您真实地反映您的看法。我们保证：您的作答只用于学术研究，不会有任何泄露。

谢谢您的合作！

《死刑观念的定量分析》课题组

2007 年 11 月

请把您认为正确的唯一一个选项圈"〇"出来，或者打"√"。

1. 您的性别：

①男　②女

2. 您的年龄：

①18 周岁以下　②19～25 周岁　③26～40 周岁　④41～60 周岁　⑤61 周岁以上

3. 您的职业：

①无业　②学生　③非国有公司、企业、事业单位、社会团体人员

④国家机关、国有公司、企业、事业单位、社会团体人员

4. 您的学历：①高中及以下　②大专或本科　③研究生及以上

5. 您所在的地区：①农村　②城镇　③中小城市　④大城市

6. 您觉得，当前我国的社会治安状况如何：

①很差　②一般　③较好　④非常好

7. 您觉得，当前我国判处死刑的数量：

①很少　②一般　③较多　④太多

8. 您觉得，我国规定了死刑的犯罪种类：

①较少　②适中　③多　④过多　⑤不好说

9. 当前，我国死刑执行方式有枪决和注射两种。您觉得，在现有刑法规定了死刑的情况下，哪种死刑执行方式最好：

①现有的枪决、注射方式挺好，也比较人道，应继续采用

②应附加采用类似于新加坡鞭刑的羞辱式执行方式，以增加死刑的惩罚性

③可以适当借鉴我国古代的酷刑，以满足部分被害方的报复心理，同时震慑社会上的不稳定分子

10. 有人认为，死刑有利于减少和预防犯罪。您觉得这种观点：

①完全没有道理　②有一定道理　③完全有道理

11. 您觉得，死刑：

①断绝了死刑犯悔过自新的机会，不人道　②渲染和鼓励暴力

③没什么不好　④非常好　⑤不好说

12. 如果您主张保留死刑，您觉得，在我国，最应该规定死刑的犯罪是：（只能选一项，主张废除死刑的可跳过此题）

①故意杀人、抢劫、绑架、强奸等严重危及人身安全的暴力犯罪

②贪污贿赂等腐败犯罪

③背叛国家、分裂国家、间谍等危害国家安全的犯罪

④盗窃、诈骗等经济领域的犯罪

⑤走私、贩卖、运输、制造等毒品犯罪

13. 假设您或家人、亲朋因他人的诈骗、盗窃、敲诈勒索等而损失巨大，以致家庭无法维持生计，您觉得是否应对犯罪分子适用死刑：

①不能　②可以　③应当

14. 您觉得，死刑执行的数量越多，一国的社会进步、文明程度就：

①越低 ②越高 ③不好说

15. 在当前情况下，您觉得我国应当：

①完全保留死刑 ②完全废除死刑

③不废除死刑，但应限制和减少使用

16. 有学者主张用不可减刑、假释的无期徒刑替代死刑（即对原本应当判处死刑的罪犯不判死刑，而是改将他一辈子都关在监狱里）。对于这种方案，您是否接受：

①不能接受，即便一辈子都被关在监狱里也抵不上被判处死刑

②可以接受，将罪犯一辈子都关在监狱里的处罚并不一定比死刑的处罚轻

17. 您认为，在中国废除死刑是：

①不可能的 ②马上能实现的 ③可能在二三十年内实现的

④可以通过逐步限制和减少使用、在恰当的时机废除的

18. 假设您的亲人故意杀人、伤害、抢劫、强奸等致人死亡或严重残疾，现在法院要判处您的亲人死刑，您是否能接受：

①不能 ②可以 ③完全接受

19. 您认为，在众多国家废除死刑之后，中国（　　）废除死刑。

①必须 ②可以 ③不能

20. 您认为，在中国讨论废除死刑是（　　）的事。

①刑法专家 ②立法者 ③执法者 ④全社会

21. 假设您或您的亲人受到他人的杀害、伤害、抢劫、强奸等致死或严重残疾，您觉得，是否应该对犯罪分子适用死刑。

①不应当 ②可以 ③应当

22. 您认为，废除死刑后，社会上的犯罪（　　）呈现上升趋势。

①必然　②可能　③不会

23. 对于下列关于死刑的看法，您赞同：

①杀人偿命，只要社会上还有严重的犯罪，就不应当废除死刑

②死刑具有较强的威慑力，当前我国犯罪率高，不能废除死刑

③死刑不人道，废除死刑是人类进步的表现，我们应当立即这样做

④死刑判决一旦发生错误，就无法纠正，应当废除死刑

⑤死刑并不是惩罚犯罪的最有效手段，要废除

24. 当前有不少学者主张废除死刑，并且发表了不少废除死刑的文章和言论。您是否听过这方面的言论，您的态度是否因此发生了改变：

①没有听过

②听过，这更加坚定了我废除死刑的立场

③听过，但没有改变我保留死刑的立场

④听过，我对死刑的保留立场从此发生了改变，从此主张废除死刑

25. 如果要用一种刑罚来代替死刑，您觉得，最适合的是：

①永不出狱的终身监禁

②终身监禁，如果表现好可以在 30 年或更长时间以后释放

③30 年或更长的有期徒刑，且不得提前释放

④30 年或更长的有期徒刑，如果表现好可以在执行 20 年后释放

（选自袁彬：《死刑民意及其内部冲突的调查与分析》，《法学》2009 年第 1 期，有改动）

练习 3

请列出阅读文章"关于中学生阅读情况的调查"的大纲。并模仿这篇文

章，为"新时期留学生来华留学的动机调查"设计一个提纲。

练习 4

本课的阅读文章采用的是问卷调查法，请根据文章的内容，将作者所设计的问卷还原出来。

三、调查设计及实施情况说明的写作

运用调查法撰写的论文，论文的开头部分一般需要先介绍调查的设计和实施过程，包括：调查设计、调查实施、数据处理的原则与方法等。调查设计包括：调查目的、调查对象的选取、问卷的设计及内容安排。调查实施包括：实施的时间、地点、场所的选择，问卷发放的数量及回收、有效情况。数据处理的原则与方法指的是在整理调查数据、进行统计的时候，遇到具体的情况如何处理，坚持的原则是什么。例如：

中国对缅甸的投资与援助：基于调查问卷结果的分析

卢光盛　李晨阳　金　珍

一、问卷调查的基本情况

为深入和准确了解缅甸社会目前对中国在缅甸的投资及援助的看法，把握今后缅甸社会对国际社会尤其是对中国的需求，以及缅甸民众希望中国在缅开展哪些方面的工作，云南大学缅甸研究中心于 2013 年 7—8 月组织了关于"中国对缅投资与援助"的问卷调查工作。调查问卷共有 24 道题目（见附录）。其中针对缅甸普通民众的调查问卷采用缅文版，发放 50份。在仰光、曼德勒各 20 份，内比都 10 份；针对缅甸非政府组织（NGO）工作者的调查文件则采用英文版，原计划同样在仰光、曼德勒各发放20份，内比都10份，但是调查的过程中发现，缅甸大部分NGO的办公地集中在仰光和曼德勒，而内比都的居民主要为政府官员及其家属，未能联系到在内比都定居的NGO工作人员。因此，针对缅甸NGO的问卷调查只在仰光和曼德勒进行。

调查完成之后，云南大学缅甸研究中心对所有问卷进行了统计整理和分析。需要特别说明的是，本文下面的统计结果严格遵循原始统计来源，不代表笔者和所在机构的立场。

此次调查问卷，共收回86份有效问卷，具体分布见表1（表略）。

二、调查结果（略）

三、调查结果分析（略）

四、启示和建议（略）

（原文载于《南亚研究》2014年第1期，有改动）

这篇论文所采用的研究方法是问卷调查，第一部分对调查情况进行了介绍。第一句话前半部分"为……"介绍了调查目的，后半部分"云南大学缅甸研究中心于……组织了……工作"一句介绍了调查者、调查时间、研究课题、使用方法。接下来第二句话具体介绍问卷的内容，第三句话及第二、第三段介绍调查实施过程、问卷实施情况和需要说明的地方。这篇文章的调查情况介绍，基本上代表了论文中对调查设计进行说明的一般处理模式。

关于调查目的的表达一般是：

为了（深入、准确地）了解……

为了（更好地）研究……

关于调查对象的表达一般有：

以……为对象进行调查

调研主要面向……（人群）

主要针对……进行调查

受访者大多为……

关于调查者的表达一般是：

本次调查由……组织实施

为了……，×××进行了为期（一年）的调查

关于调查过程，一般的说法有：

在……（地方）对……（人）进行了……调查

发放问卷……份，收回……份，有效问卷……份

问卷的发放主要是依据……原则

问卷的发放主要采用……方式进行（例如：本次调查，问卷主要采取委托发放的形式进行）

练习 5

请根据上文回答问题。

（1）《中国对缅甸的投资与援助：基于调查问卷结果的分析》中研究者进行了一项什么调查？

（2）为什么要做这项调查？

（3）在哪里实施的这项调查？

（4）一共收回多少份有效答卷？

练习 6

根据下面所给材料，写一段话，对所进行的调查进行介绍。

调查目的：更好地研究我国留学归国人员就业现状

调查时间：2016 年 3—7 月

调查者：××大学联合 H 有限公司

调查方法：问卷调查法

调查对象：主要面向回国发展的各类留学归国人员

问题设置：问卷调查

研究目标：获得原始数据、对职业发展提供建议

课后实践：选择调查课题

目标：用调查法写一篇小论文，要求字数在 1 000 字以上，内容包括：题目、作者、摘要、关键词、正文、参考文献。

小论文第一步：选择一个调查课题，并初步检索文献以确定其是否有研究价值，写出选题理由，以备讨论。

推荐选题：命名研究。生活中有各种各样的事物都需要命名，例如人名、网名、微信名、公众号名、店名、品牌名、楼盘名、道路名……不同时期有不同的命名方式，表面上看纷繁复杂，通过调查的方式，能让我们从现象中看到本质，归纳出倾向或规则，还能从中看到社会、民族、文化心理的影子。下面几个题目供参考：

武汉楼盘名的语言特点研究

近两年新生儿命名趋势研究

韩国拉面命名与销售率之间的关系

网络直播节目主持人网名研究

"英雄联盟"玩家昵称选择策略调查

第十课 统计分析

本课重点

1. 数据表达方法
2. 图表的选择和使用

阅读讨论

下面这篇阅读材料中，是用什么方法来表达数据的？

四、调查结果

调查发现，95%以上的中学生爱好课外阅读，由于偏好的读物因人而异，为便于表达结果，我们只将最主要的调查结果列表显示（表略）。

在"您最喜欢的书籍"选项中，男女生不约而同地将"侦探推理小说"放在了首位，这对我们来说并不意外，因为这一类的小说兼有逻辑性强和情节扣人心弦等特点，它们对好奇心强的中学生确有吸引力。卡通漫画在男女生中分别占42%和51.6%，它的广受欢迎，符合现代中学生的心理特点。武侠小说仍得到42%的男生的垂青。看来，英雄豪杰魅力犹存。相比之下，女生青睐于古典名著应与其潜在文学情绪和细腻心思相关。

正处豆蔻年华的少女也不会错过时尚杂志。在"原因"选项中，"逻辑性强"和"情节吸引人"在男女生中分别占58.3%和77.4%。但是

"文学性""哲理性""知识性"等选项却少有人问津，此类书籍仍未成为主流。在"影响因素"选项中，"个人兴趣"占据了主导地位，的确，当代学生更讲究独立与个性，可传媒影响力也着实不小。

初高中生课外阅读既有许多相同之处，也有不少差异。在"您最喜欢的书籍"一栏中，"侦探推理"和"卡通漫画"无论在初中生还是高中生中都雄居冠亚军；初中生年纪尚小，受到师长引导的影响较多，所以"古典名著"这类正统教育的经典也开始在初中生中备受关注，有41.2%的得票率。在调查中不难发现：高中生阅读的书籍范围明显比初中生更广，"艺术修养类"和"军事类"在初中生中几乎无人问津，在高中生中却有近15%的得票率。

在"喜欢的原因"方面，高中生的答案更呈现多元化：得票率最高的"情节吸引人"也仅占61.5%，较之初中生的70.6%地位明显下降；此外，"哲理性强"这一原因也在高中生中占一席之地，较初中生上升近10百分点。从"影响因素"来看，初中生对周围世界的关注比高中生略逊一筹，传媒推荐在初高中生中分别占5.88%与11.5%，由此可见，高中生更贴近社会，视野更为广阔。随着题海战术日趋淘汰，取而代之的是给予孩子丰富多彩的精神食粮。超过半数的家长全力支持子女课外阅读，必将使素质教育的发展更进一步。对于喜爱的书籍，2/3左右的青少年选择购买，1/3左右采用租、借的方法，家长在经济方面的慷慨解囊，为学生的课外阅读提供了有利条件。

（文章来源于百度文库，有改动）

一、数据表达方法

使用调查的方法，常常会进行数据统计。数据的表达方式常用的有以下几种：

占：A 占 B 的百分之几（％），如：传媒推荐在初高中生中分别占（总数的）5.88％与 11.5％。

倍：A 是 B 的几倍，如：喜欢漫画的男生是女生的 2 倍。

百分数：……％ 的人/事物，如：在高中生中却有近 15％ 的得票率。

百分点：比……上升/下降/减少/增加了……百分点，如：较初中生上升近 10 百分点。

几分之几：如：三分之一或 1/3；1/3 左右采用租、借的方法。

练习 1

请根据下图来描述一下调查对象的年龄分布情况。

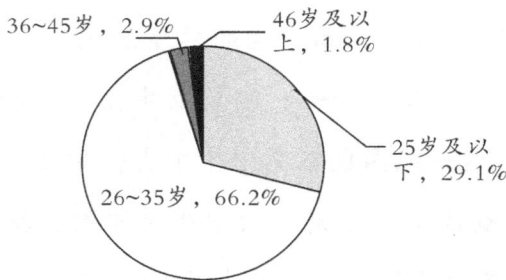

二、图表的选择和使用

1. 图表及类型

图表是论文中的一个重要组成部分，图表应用得好，可以简洁明了地概括论文内容和精髓。不过需要注意的是，图表是辅助工具。选择图表的原则是：凡是用简要的文字能够表达清楚的就不用图和表格来表达；凡是用表能够一目了然表示的就不用图。

表指的是有关数据的表格。最常用来分析数据的图有柱状图、条形图、折线图和饼图四种基本类型。

为了便于指称图表，常常需要为图表设计一个标题，如"表 1　近十年来北京市 7 月份平均降雨量"。在文中称呼这个表或图的时候，就可以简单称为

"表1"或"图1"。例如下列的"图3""图4":

4.1 学生对英语写作课的总体感觉

调查问卷结果显示：喜欢英语写作课的学生数只占受试者的1/4左右，有89名参与者表示不喜欢英语写作课，而约1/3的学生则表示不喜欢也不讨厌。我国高校英语写作课的开设时间大多数为一年，而名牌大学英语写作课的开设时间相对长一些，一般为两年以上。同时我们还发现，目前学生在英语写作方面感到有困难的比例仍然很高。537位参与者中有225位学生表示英语写作有困难，占41.9%，有28位学生表示英语写作很困难，占5.2%，而让人感到欣慰的是，264名学生认为英语写作不太困难，占49.2%，但感到一点不困难的学生只有20名，只占参与者的3.7%。详见图3、图4。

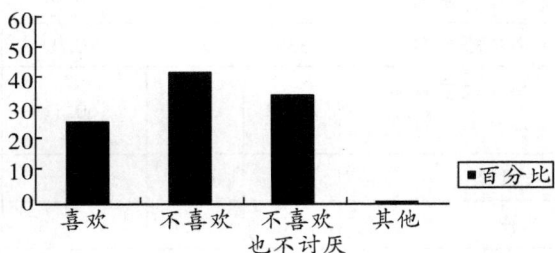

图3 你喜欢英语课吗

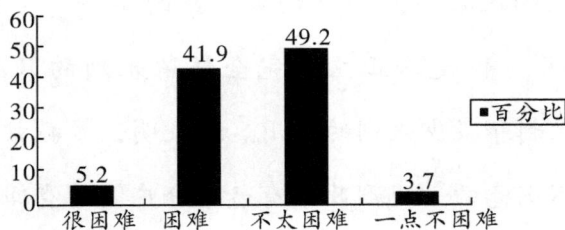

图4 你现在英语写作有困难吗

（节选自蔡慧萍、方琰：《英语写作教学现状调查与分析》，《外语与外语教学》2006年第9期）

2. 图表的分析方法

需要注意的是：虽然统计的数据结果可以通过图表表现出来，但是在文章中，仍然需要对图表中的数据进行文字分析说明，不能只放图表。

一种分析表达的手段是先点出数据表现出来的结果，再用数据分析说明，然后再放图表，具体展现数据，例如上面关于英语写作课的材料。

另一种分析表达的手段是先指出显示结果的图表，如哪一张图表显示什么信息；然后点出重要的研究成果；最后对这些成果进行简单评述。例如：

表1　死刑民意的总体分布状况

		人数	百分数（%）	有效百分数（%）	累计百分数（%）
有效数据	完全保留死刑	1 017	29.8	29.9	29.9
	完全废除死刑	339	9.9	10.0	39.9
	不废除，但限制和减少死刑适用	2 043	59.9	60.1	100.0
丢失数据		9	0.3		
总计		3 408	100.0		

表1是关于死刑民意的总体分布情况。从表1我们可以清晰地看到，虽然主张保留死刑的人数占到了被调查对象的90%，主张完全废除死刑的人只占到了10%，但是真正主张完全保留死刑的只有29.9%，另有60.1%的人主张限制和减少死刑的适用。这表明，多数被调查者对我国当前的死刑状况是不满意的，死刑改革有着十分广阔的空间。

（节选自袁彬：《死刑民意及其内部冲突的调查与分析》，《法学》2009年第1期，有改动）

这个例子在用表格展示调查结果之后，接着对图中的数据进行了介绍说明。具体分为两块：首先，指出这个表格的作用，并详细介绍各数据的含义。注意，对数据的描写并不是把表中的数据重新用文字说明一遍，而是在分析归纳的基础上，有意识地突出强调某些数据。接着，对这个表格的价值进行说明，是作者在分析调查数据的基础上得到的结论和发现。

在分析数据的时候常用的语块有：

调查/统计发现/显示

从表×可以看出/看到/发现/知道

表×（的调查结果）显示/表明

从调查结果来看

根据表×，相当一部分被调查者认为/被调查者普遍认为/也有少部分认为

如表×所示

图×是关于……的情况

关于……的情况见表×

（没有）表现出显著差异

呈上升/下降的趋势

显著少于/多于……

增加/减少/提高/降低了×百分点/×%/几分之几

排序有所上升/下降

排序比较靠后

位居/高居首位/第一位/第×位

3. 数据表达中的情感倾向表达

在分析数据的时候，虽然要客观地展示数据和结果，但是，写作者的情感、倾向仍然可以表达出来，不过不像散文、议论文等普通作文那样通过大段的抒情表达出来，而是在句中非常含蓄、客观地表达。例如：

（1）不理想、消极倾向：如下例中的"只""仅"等。

喜欢英语写作课的学生数只占受试者的 1/4 左右，有 89 名参与者表示不喜欢英语写作课，而约 1/3 的学生则表示不喜欢也不讨厌。……而让人感到欣慰的是……

得票率最高的"情节吸引人"也仅占 61.5%

（2）理想、积极倾向：如下例中的"近""达""让人感到欣慰的是"等。

在高中生中却有近 15% 的得票率

而让人感到欣慰的是，264 名学生认为英语写作不太困难，占 49.2%

有购买小汽车倾向的青年人高达 90%

练习 2

对于下面这个统计结果，请你分别站在积极（数量多）或者消极（数量少）的立场上写一句话。

在 100 个小区名中有 40 个小区名字里有"园"或"花园"

积极（数量多）的表述：

消极（数量少）的表述：

练习 3

根据表格内容，把段落补充完整。

表5 英语专业四个年级不同词频等级单词的使用情况

	一年级（%）	二年级（%）	三年级（%）	四年级（%）
0~1 000 个（高频词）	87.77	84.54	83.59	83.21
1 001~2 000 个	5.04	5.93	6.08	6.24
学术词汇	2.71	4.21	4.64	4.77
其他	4.47	5.31	5.69	5.78

表5列出了英语专业四个年级不同词频等级单词的_____。从总体趋势来看，随着年级的_____，学生使用高频词呈下降_____，一年级到二年级之间的变化最明显，特别在首批1 000个词的_____上，二年级（84.54%）比一年级（87.77%）_____了3.23百分点，三年级（83.59%）比二年级_____了0.95百分点，四年级（83.21%）比三年级只_____了0.38百分点。

练习 4

根据下图及提示写一段话，分析调查所发现的留学生回国就业的主要原因。

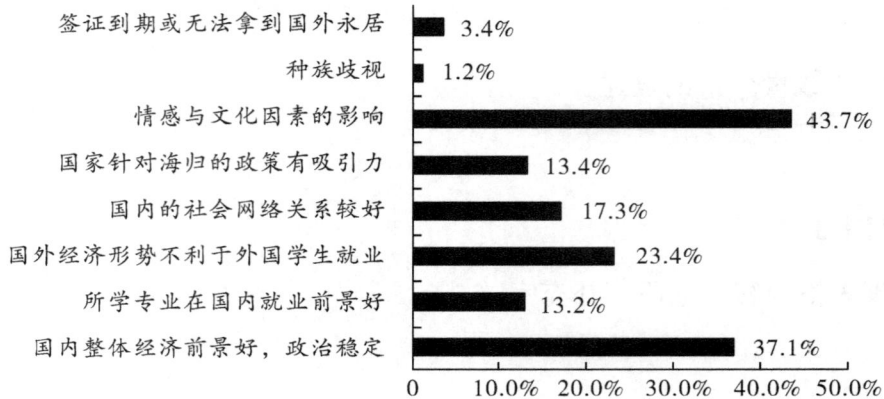

签证到期或无法拿到国外永居	3.4%
种族歧视	1.2%
情感与文化因素的影响	43.7%
国家针对海归的政策有吸引力	13.4%
国内的社会网络关系较好	17.3%
国外经济形势不利于外国学生就业	23.4%
所学专业在国内就业前景好	13.2%
国内整体经济前景好，政治稳定	37.1%

回国就业主要原因

练习 5

根据所给材料，写一篇小文章，内容包括：题目、调查情况介绍、调查结果、结论。

目的：了解影响社区老年人生活质量的因素，为社区及家庭采取正确措施帮助老年人提高身心健康水平和生活质量，实现社会健康老龄化提供依据

时间：2003 年 6 月至 2004 年 5 月

地点：广东省东莞市 2 个社区

对象：127 名老年人，年龄 60～90 岁；男性 81 名，女性 46 名

方法：采用"生活质量综合评定问卷调查表"，入户调查

问卷内容：第一部分是基本信息，包括性别、年龄等 10 项内容；第二部分是生活质量评定内容，分别对老年人的躯体功能、心理功能、社会功能、物质功能等几个方面进行打分。

答卷：发放 127 份，回收 127 份

统计结果：经过计算，关于生活质量评定的内容得分情况为：

社区老年人生活质量调查结果 单位：分

		躯体功能	心理功能	社会功能	物质功能	总体评价
性别	男	72.2	82.8	77.4	78.4	56.4
	女	64.6	73.3	68.0	76.2	53.1
配偶	有	77.4	82.8	75.9	76	58.5
	无	68	73	67	65.8	50.8
居住	有家人	70.3	89.8	77.7	78.9	71.3
	独居	57.5	76.2	74.8	78.4	63.7

调查结论：性别、配偶、居住情况是影响老年人生活质量的重要因素。男性、有配偶、跟家人一起居住的老年人普遍得分比较高，生活质量更高。

课后实践：调查设计

小论文第二步：调查项目（问题）设计。针对所选的研究课题设计问题，形成调查问卷或者访谈提纲。并进行小范围的初步调查，以检验所设计问题是否有漏洞。

第十一课　摘要写作 1

本课重点

1. 书面语训练：嵌偶单音词
2. 摘要写作规范及误区
3. 报道性摘要写作
4. 围绕中心论述

阅读讨论

（1）写出这篇文章的文献信息。

（2）根据下面所给文章的摘要，说说这篇文章的主要内容是什么？思考：摘要和论文、论文的正文是什么关系？

第 40 卷 第 5 期　　　　北京大学学报（哲学社会科学版）　　　　Vol. 40，No. 5

2003 年 9 月　　　Journal of Peking University（Philosophy and Social Sciences）　　　September，2003

十五年来中国女性择偶标准的变化

钱铭怡，王易平，章晓云，朱　松

摘　要：目的：描述中国女性自 1985 年以来择偶标准的现状和变迁，分析影响女性择偶标准的各种主要因素及其影响程度。方法：《中国妇女》杂志 1985 年至 2000 年的 15 年间每隔 5 年选择一年，并在每一季度中选择一期杂志，统计其中女性刊登的征婚启事，共得 131 例，采用统计学方法进行定量研究。结果：女性择偶时仍旧最为关注男方的社会经济条件，但是体现社会经济条件的具体内容有所变化，表现为对男方学历和职业的关注稍有下降，而对财产、事业的要求有所上升；同时对对方身高的要求有所下降，体现目前择偶趋向于实惠化趋势；对对方修养、人品的要求呈上升趋势，体现女性婚恋观念的改变和提高。

关键词：征婚启事；择偶标准；中国女性

一、书面语训练：嵌偶单音词

一般情况下，用双音节或多音节词表达的内容，用单音节词来表达，就具有了书面语色彩。这些单音节词常常又和另一个单音节词构成偶数音节的结构，使韵律和谐，书面语色彩更加浓厚，例如：

稍有下降（稍有——稍微有点）

还有一些单音节词在使用的时候会补充上另一个单音节词，以构成偶数音节的结构，例如："最为关注（比较：最关注）""有所变化（比较：有变化）"，这种形式也被称为"单音嵌偶"。再如：

可以说是特色鲜明，独成一体（独成——单独成为）

人们追求文凭纯属正常（纯属——完全属于）

兴趣颇广、心得全无（颇广——很广泛，全无——完全没有）

精神与学识真可谓"赤条条"（可谓——可以说是）

骗取外国名人通讯录（骗取——骗）

具有四个特点（具有——有）

练习 1

解释下面画线部分的意思。

山中**访友**（　　　　　）　　　　　有贵客**光临**（　　　　　）

我已收到通知（　　　　　）　　　　　**切勿**通行（　　　　　）

尚未结束（　　　　　）　　　　　**荣获**一等奖（　　　　　）

练习 2

将下面画线部分换一种说法。

并没有消失

应该具有的礼节和仪式

一点儿也不符合

可以说是非常深刻

练习 3

下面是请求其他学校的陌生人帮助完成调查的一封信，请你改写一下，让它更加有书面语意味。

尊敬的老师：

您好！我们是××大学××学院的学生，想要用课余的时间做一个调查，想调查各个高校里"本科生导师制"现在实行的情况，还存在什么问题。您看您能不能抽点时间帮着做一下问卷啊？谢谢啦！

这个就是我们的调查问卷的地址了：……您可以点一点打开填一填，这个问卷您要是有什么意见或者建议的话，您就给我们提一提吧，真的很欢迎呢！

在这里，我们衷心祝您万事如意、阖家幸福！

张三　李四

2016 年 3 月

二、摘要写作规范及误区

摘要又称概要、内容提要，是以提供文献内容梗概为目的，不加评论和补充解释，简明、确切地记述文献重要内容的短文，一般放在论文前部。"摘要应具有独立性和自含性，即不阅读报告、论文的全文，就能获得必要的信息。摘要中有数据、有结论，是一篇完整的短文，可以独立使用，可以引用，可以用于工艺推广。摘要的内容应包含与报告、论文同等量的主要信息，供读者确定有无必要阅读全文，也供文摘等二次文献采用。摘要一般应说明研究工作目的、实验方法、结果和最终结论等，而重点是结果和结论。"（《科学技术报告、学位论文和学术论文的编写格式》，1987）

摘要分为报道性摘要、指示性摘要、结构性摘要、报道—指示性摘要等。报道性摘要一般包括目的、方法、结果、结论四部分，特别适用于试验研究和有定量数据的论文。对于非实验性论文或数据少、倾向于逻辑推理的论文一般用指示性摘要或报道—指示性摘要。指示性摘要主要介绍文献的主要内容或主要观点。

摘要位于期刊论文的题目和作者之后，正文开始之前；在学位论文中，摘要处于封面页之后，目录页之前。字数上，期刊论文的摘要一般要300字左右，硕士学位论文的摘要一般在一页之内，相当于一篇千字文。汉语的论文摘要一般要求有相应的英文摘要。英文摘要的内容要与中文摘要的内容保持一致。

摘要与论文相当于粗线条的照片与真人实物之间的关系，两者是并列的关系。尽管摘要的位置比较靠前，在正式论述之前，但是从写作过程上来看，摘要是最后写的。因此在写作摘要的时候，务必要避免以下误区：

第一种误区是认为摘要就是引言，甚至有的摘要干脆写成了研究背景、研究意义。摘要的位置虽然靠前，而且是在论文里面，但它并不是论文正文的一部分，而是独立于论文之外的。摘要反映的是整个研究概况，尤其是主要发现或主要研究结论，而引言的作用是在正式论述前做说明和铺垫。

下面是一位学生的习作，其问题就是将摘要写成了引言。

老舍的《骆驼祥子》与玄镇健《好运的一天》的比较研究

朴爱礼

摘　要：数千年前开始中韩两国不断的交流。两国不仅是邻国而且是文化上的兄弟，同属于汉字文化圈。与此同时，都受儒家的影响。并且，韩国曾处在日本帝国主义的残酷殖民统治之下，中国也经历过帝国主义的野蛮侵略。在这样相似的社会背景下，两国的近代文学有许多相似之处。本文想研究韩中两国近代文学的代表作《好运的一天》和《骆驼祥子》，从各个方面考察，进行比较研究。

第二种误区是认为写摘要很简单，把结论部分摘抄过来就行了。摘要要反映整篇文章的内容，而结论只是论文的一部分。但是，毋庸置疑，结论是摘要中最重要，甚至篇幅也是最大的一部分。除了结论，摘要里还需要简单介绍背景、方法之类的信息。而结论部分，除了写本文的主要发现，还需要介绍其意义或应用，在更大的范围内讨论该研究成果、研究缺陷或有待进一步解决的问题等。

下面这位学生的摘要就出现了这个问题：把结论作为摘要。

《许三观卖血记》中一乐身份探析

李秀贤

摘　要：《许三观卖血记》是余华于1995年创作的一部长篇小说。这本书的主要人物有许三观、徐玉兰和一乐。许三观通过11次卖血维持生计，为了自己的家庭付出了很多的努力。最重要的就是许三观的大儿子一乐不是许三观的亲生儿子。但我认为这是作者的故意设计。仔细分析小说的细节和人物对话，可以看出一乐就是许三观的亲生儿子。

第三种误区是认为摘要就是论文简介，主要内容是介绍论文的主要组成部分，写出来的摘要像目录。例如：

"名代/代名/代代" 式双项同指组合语用功能探究与留学生习得情况调查

摘　要

同指组合即以往所说的同位短语，它是汉语中一种十分常见的组合。含有代词的同指组合往往具有特殊的语用功能，使用更为频繁。

第一章绪论部分主要介绍同指组合的概念、组构要求、组合定位和研究现状等，以及本文的研究方法和语料来源。

第二章首先对同指组合的概念进行解释和辨析，确定了其"在线动态组成"的生成机制。通过对组合成分进行意义分析和形式检验，确定了能够进入"名代/代名/代代"式同指组合的七类成分，并对它们进行组合验证，最终得到十九种合法的同指组合。其次，对这些组合分项检测，结合具体例句探究各种同指组合的使用频率、出现语境、表达作用。总结发现同指组合经常用于含比较意味的语境中，突出对举性；同指组合中的代词增强主观性，营造出更加生动的对话环境；同指组合还有凸显话题对象、引起说话人注意、调节心理距离、表达强烈情感等功能。

第三章首先对留学生作文、调查问卷以及口头采访中发现的偏误进行统计和分析，发现留学生的主要偏误在于回避使用同指组合，而诸如错序、错用、误用之类的偏误出现得不多。而这些偏误出现较少的根本原因也在于学生回避使用，使问题无法暴露。其次，结合具体例句，从教材、教师、学生三方面探究偏误形成的原因。

第四章结合对同指组合的探究以及留学生的偏误，有针对性地从理论上提出教学建议，并设计了一些具体的练习题目。此外还进行了一次课堂实践，以检验教学效果。

关键词：同指组合；语用功能；偏误调查；教学建议

　　这篇硕士学位论文的摘要，按照论文的章节对每部分的内容进行介绍，形同目录，不是一篇规范的论文摘要。

　　还有一种误区，即认为摘要就是论文的一部分，所以语体、口气都是一样的。比如在写作上，与正文一样，用"笔者""我们"之类的词语表达。其实，摘要的文体与论文并不相同。论文主要是运用批判性思维与逻辑论证来证明自己的发现是正确的。而摘要主要是客观介绍，说明存在的事实。因此，在摘要中，一般不再使用"笔者""我们"等词语，而是使用"本文"等介绍性的词语。

三、报道性摘要写作

　　报道性摘要一般包括：目的、方法、结果、结论四部分，本课阅读材料《十五年来中国女性择偶标准的变化》的摘要即是一篇报道性摘要，基本上与论文的整体框架一致，包括调查目的、调查方法、调查结果，相当于微缩版的论文，但是只出现最重要的信息。也可以不出现"目的""方法""结果"等字眼，例如：

英语专业高低年级学生学习观念比较研究

李旭奎　　左金梅　　邓红风

摘　要： ①本文以英语专业一年级和三年级各40名学生为调查对象。②采用问卷和面谈等方法。③探究英语专业学生学习观念的总体倾向，比较高、低年级学生在学习观念上的异同。④结果表明：1）英语专业学生普遍认为管理策略、后天努力、形式操练策略和功能操练策略对学好外语很重要；2）除母语观念外，高、低年级学生在学习观念上不存在较大差异。

①调查对象。
②调查方法。
③调查目标。
④调查结果。

关键词： 学习观念；英语专业；高年级学生；低年级学生

（原文载于《西安外国语学院学报》2005年第1期）

使用了调查方法却没有在摘要中介绍有关调查的信息，是不规范的。

练习 4

下面是一篇本科生的毕业论文摘要，请说说这个摘要存在什么问题？

留学生毕业论文写作中的困难调查

摘　要

随着全球化的加速发展，世界范围内的跨国往来也愈发地频繁，国际交流的形式也越来越多样化，出国留学变得越来越普遍。中国作为一个不断发展的大国，在全球化中也扮演了重要的角色，吸引了许多外国人前来学习。不少海外学生出于开阔眼界、学习语言和接触不同的文化等的选择来中国求学。

虽然大学四年的学习漫长而又辛苦，毕业时又面临着找工作等压力，但是大四的毕业论文写作绝对是留学生们最重视的一个问题。毕业论文关系到留学生是否能顺利毕业，是否能顺利拿到学位。但是在写毕业论文时，留学生遇到了各种各样的困难。

本论文以写过毕业论文的韩国留学生为调查对象，通过问卷调查的方式，找出他们在毕业论文写作准备阶段和毕业论文写作过程中遇到的困难，然后分别从留学生、学校、导师三个角度来探讨解决对策与建议，为以后韩国留学生的毕业论文写作提供一些借鉴。

关键词：留学生；毕业论文；写作；困难

练习 5

请将下面打乱的句子重新排序。

中国对缅甸的投资与援助：基于调查问卷结果的分析

卢光盛　李晨阳　金　珍

（1）问卷调查的内容集中在四个方面：缅甸民众对中国投资与援助的总体态度；对于中国在缅甸重大项目的调查；缅甸民众对于国际投资和援助的态度；今后中国将如何在缅开展投资和援助。

（2）近年来，缅甸政治经济的转型给我国对缅投资与援助工作造成了冲击和影响。

（3）从调查的结果来看，当前缅甸一些民众对中国在缅投资援助存在较大的负面看法，中国在缅投资的一些大型项目在一定程度上缺乏民意支持。

（4）云南大学缅甸研究中心于2013年7—8月组织了关于中国对缅投资与援助的问卷调查。

（5）但是，缅甸民众仍然普遍希望中国继续加大对缅投资和合作力度，同时希望中国企业能够改变投资领域和运作方式，更多投向惠及民生的项目。

正确的顺序是：＿＿＿＿＿＿＿＿＿

练习 6

模仿例文，为第九课的《关于中学生阅读情况的调查》写出摘要。

四、围绕中心论述

同样的材料，不同的人能够用来证明不同的甚至截然相反的观点，因此在论述的时候，要始终坚持明确的论述方向，合理地选择与观点相合的视角，并调整语言和句式，以达到希望的结论。

例如，对于关于死刑观点得到的数据：完全保留死刑29.9%；完全废除死刑10.0%；不废除，但限制和减少死刑适用60.1%，使用这组数据，站在偏向废除死刑的一方，可以这样说：

从表1我们可以清晰地看到，<u>虽然</u>主张保留死刑的人数占到了被调查对象的90%，主张完全废除死刑的人只占到了10%，<u>但是</u>真正主张完全保留死刑的只有29.9%，另有60.1%的人主张限制和减少死刑的适用。这表明，多数被调查者对我国当前的死刑状况是不满意的，死刑改革有着十分广阔的空间。

（节选自袁彬：《死刑民意及其内部冲突的调查与分析》，《法学》2009年第1期，有改动）

用这组数据也可以站在偏向保留死刑的一方，例如：

从表1我们可以清晰地看到，虽然大部分人（60.1%）是持中间态度：要保留，但是要控制、限制使用，但是主张完全废除死刑的只有10%，而明确主张必须保留死刑的则高达29.9%。这表明，对于被调查者来说，还是非常相信死刑对犯罪行为的震慑力的，倾向于保留死刑，也就是说对当前的死刑制度还是肯定的。

在这两段话中，说话人的立场不同，对于数据的解读也不同。在句子上表现出明确的个人态度和主观倾向。

练习 7

下图统计留学生回国就业的主要原因中，有"种族歧视"的原因，对于这个因素，可以淡化其作用，也可以强化其作用，请你写两段话，分别站在这两个角度去展开。

签证到期或无法拿到国外永居	3.4%
种族歧视	1.2%
情感与文化因素的影响	43.7%
国家针对海归的政策有吸引力	13.4%
国内的社会网络关系较好	17.3%
国外经济形势不利于外国学生就业	23.4%
所学专业在国内就业前景好	13.2%
国内整体经济前景好，政治稳定	37.1%

0   10.0%   20.0%   30.0%   40.0%   50.0%

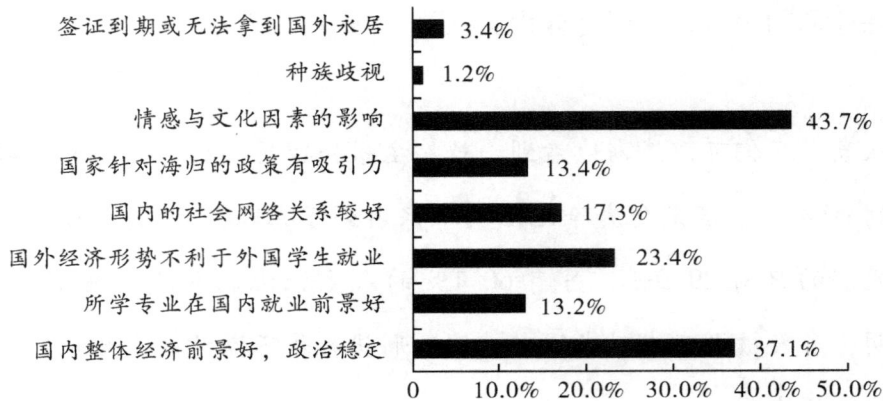

回国就业主要原因

课后实践：实施调查

小论文第三步：实施调查，收集数据。

第十二课　摘要写作2

本课重点

1. 论文中的模糊表达
2. 指示性摘要写作
3. 关键词的提取

阅读讨论

（1）写出下面这篇文章的文献信息。

（2）与报道性摘要相比，这篇摘要有什么写作特点？

中希神话中蛇意象的对比研究

王利刚　余春晖

摘　要：①蛇作为中希神话共同涉及的动物，其意象既有相似性，又有较为明显的差别。②它们都与性有比较密切的联系，并且都被赋予了宗教意义，③然而蛇在中国古代神话中所呈现的是一个比较积极的意象，而古希伯来神话中的蛇更多的是以负面形象出现的。④两种文化中宗教发展程度的差异和文化的生成环境是产生此种差异的主要原因。

关键词：中国；希伯来；神话；蛇；意象

①论点。

②分论点：同。

③分论点：异。

④分析原因。

（原文载于《安康学院学报》2008年第6期）

一、论文中的模糊表达

论文必须要客观、准确，因此，必要的时候，也需要有模糊表达。例如上文中的"较为明显""比较密切""比较积极""更多的是"。尽管是模糊表达，但是更符合客观事实。这样的表达方式还有：

这表明，多数被调查者对我国当前的死刑状况是不满意的，死刑改革有着十分广阔的空间。

心理学上有不少学者进行了研究

有超过 60% 以上的人赞成

另有将近 60% 的人，对死刑是持一种中间立场

前者明显偏向于/倾向于选择死刑，而后者则相反

这些因素都有可能会影响民众对死刑的态度

民众对死刑的总体态度与具体案件中的死刑态度之间，存在一定的冲突

我国的死刑民意并不像想象的那么强烈

这说明，死刑替代措施在一定程度上改变了民众的死刑观念

被调查者大多支持这一决定

练习 1

给下面的句子添上适当的词语，使其改为模糊表达。

（1）上述调查结果表明，民众对死刑的总体态度与对具体案件中的死刑的态度之间，存在着差异。

（2）我们可以发现，死刑观念在不同的人群中存在明显的差异。

（3）死刑民意与民众对死刑现状的认识之间存在关系。

（4）服刑人员中则有 19% 的人主张完全废除死刑。

（5）我们的研究成果反映出了最新进展。

（6）这项研究将推动学科发展。

二、指示性摘要写作

指示性摘要介绍文献的主要内容或主要观点，其目的是使读者对论文有一个概括的了解。对于使用数据少或者主要运用逻辑推理进行论述的论文，一般使用指示性摘要或者指示—报道性摘要。

下面是一篇本科毕业论文的摘要，它就是一篇指示性摘要。摘要第一段介绍了研究对象和主要观点。第二段说明了具体推理过程，也就是几个重要的分论点。第三段对原因进行分析。整篇摘要都是对论文主要内容的说明，即使不看论文，通过摘要，也能够了解论文的主要内容和主要观点。这也是指示性摘要的常见写法，即写出论文的主要观点或者主要内容。

电影《无间道1》和《신세계》（《新世界》）中卧底警察形象比较

摘　要

①2002年上映的香港影片《无间道1》与2013年上映的韩国电影《신세계》（《新世界》），都是有代表性的卧底片。②两部影片的主人公，陈永仁与李子成，虽然都是卧底警察，有着相同的身份、相同的任务，却因个人性格、社会环境等多种因素的影响而走上了不同的路，反映出中韩两种文化对电影角色的不同理解。

③本文通过对两个人的身世、性格、与上司和朋友的关系等进行分析，探讨了两个主人公走上不同道路的发展过程。《无间道1》中陈永仁所受的教育以及同事、朋友

① 研究对象。

② 主要观点。

③ 研究内容之一及结论。

的影响，使其对警察的身份认同感更强，信念也更为坚定；而《新世界》中李子成从被动选择卧底之初到做卧底过程中上司和朋友的不信任最终使他放弃了警察的身份，完全成为黑帮的一员。

④两部电影中的主人公都在由身份造成的特殊环境中挣扎着生活，无论是外在还是内心都在善与恶、黑与白的激烈交锋中挣扎。而主人公人物形象的设定，反映了两种不同的观影文化心理和对警察这个职业的传统理解。

④研究内容之二及结论。

关键词：《无间道1》；《신세계》（《新世界》）；卧底警察；警匪片

（本文为中国人民大学 2017 年留学生本科毕业论文，作者李多艳）

练习 2

分析下面三个摘要习作的不恰当之处，说说应该怎么修改？

（1）**摘　要**：21 世纪是一个快速发展的时代，汉语发展也突飞猛进，汉语新词的数目便加速增长起来。在我们平时的生活中，总会遇到很多的汉语新词，它们来自普通的词汇，但是有很多被赋予了特殊的含义，如果不理解真正的含义就会产生很多的误会。另外，汉语新词的激增也给人们的交流带来了方便，汉语新词一部分译自西方语言，这些汉语新词随着社会的发展和进步，也被赋予了很多新的含义和理解。

词汇和意义的变化与人们的认识随社会的发展而变化密切相关。本文考察了 2008—2012 年出现的汉语新词，分析了汉语新词在词长、成词材料、结构方式等方面的特点，并从两个角度分析了汉语新词出现的原因。

（2）**摘　要**：随着时代与文化的发展，我们生活中的语言有多种多样的变化。我们的日常生活中，很容易看见跟以前不同的语言现象。在这些生活语言现象中，我选出了两个现象。本文介绍了对网络上产生的新词与街头错别字的分析。下边，我把主题的内容详细地说明一下。

（3）**摘　要**：这篇文章调查俄语学生学汉语遇到什么样的语法错误。这篇文章中讨论怎么避免这些错误，讨论俄语学生学汉语的特点，讨论最有用的学习方法。

三、关键词的提取

在搜集文献的时候，常常使用关键词搜索。在论文写作中，提取关键词也是重要的一个环节。好的关键词，能够让后来相同领域的研究者非常迅速地搜索到本论文。

关键词是为了标引文献而从报告、论文中选取出来的用以表示全文主题内容信息的单词或术语。一篇期刊文章常常使用2~5个关键词，一篇学位论文常常使用3~7个关键词。几个关键词之间用分号或者空格隔开。

提取关键词的原则是能体现论文中心内容、准确、利于文献检索。因此不使用虚词（如"因为""而且"等），不使用对文献检索无实用意义的词（如"研究""观察"等）。

关键词常常是从研究话题、研究领域、主要观点中提取出来的。

先观察论文标题与关键词之间的关系：

论文题目：英语专业高低年级学生学习观念比较研究

关键词：学习观念；英语专业；高年级学生；低年级学生

论文题目：中希神话中蛇意象的对比研究
关键词：中国；希伯来；神话；蛇；意象

论文题目：电影《无间道1》和《신세계》（《新世界》）中卧底警察形象比较
关键词：《无间道1》；《신세계》（《新世界》）；卧底警察；警匪片

再观察关键词与论文题目、摘要之间的关系：

论文题目：十五年来中国女性择偶标准的变化

摘　要：目的：描述中国女性自1985年以来择偶标准的现状和变迁，分析影响女性择偶标准的各种主要因素及其影响程度。方法：《中国妇女》杂志1985年至2000年15年间每隔5年选择一年，并在每一季度中选择一期杂志，统计其中女性刊登的征婚启事，共得131例。采用统计学方法进行定量研究。结果：女性择偶时仍旧最为关注男方的社会经济条件，但是体现社会经济条件的具体内容有所变化，表现为对男方学历和职业的关注稍有下降，而对财产、事业的要求有所上升；同时对对方身高的要求有所下降，体现目前择偶趋向于实惠化趋势；对对方修养、人品的要求呈上升趋势，体现女性婚恋观念的改变和提高。

关键词：征婚启事；择偶标准；中国女性
论文题目：英语写作教学现状调查与分析

摘 要：本文以哈桑的<u>体裁结构潜势</u>理论为依据，对我国3所高校537名学生的英语写作教学现状和存在的各种问题做了调查，证实了我国高校英语写作教学体裁意识不强的假设。文章结论是：除了加强词汇和语法基础的训练以外，大学英语写作必须一开始就从语篇入手，让学生接触不同类型的体裁，特别要着重提高教师和学生的<u>体裁意识</u>。

关键词：英语写作；体裁意识；体裁结构潜势

注意误区：关键词的提取要注意避免用词不规范、使用意义宽泛的普通词汇。如像"特点""理论""规划"等之类的词不适合做关键词，短句一般也不用来作关键词。

练习 3

说说下面两篇文章所提取的关键词有什么不恰当的地方？

（1）论文题目：汉语的优点和缺点——分析汉语特点

　　　关键词：汉语；优点；缺点

（2）论文题目：小说《蛙》的艺术特点分析

　　　关键词：诺贝尔文学奖；荣誉；计划生育；和睦；悲剧

练习 4

根据下面文章题目，尝试提取部分关键词。

韩国留学生对汉语学习词典的需求调查

英汉颜色词"red"与"红"文化内涵比较探析

宙斯与盘古：中西创世神话之比较

死刑民意及其内部冲突的调查与分析

接入层传输网络的规划与建设

练习 5

概括下面这篇小论文的文章结构和主要观点，并写出摘要、关键词。

东西方创世神话故事比较研究

金胜言

创世神话故事是古代人们对自然环境的认识。它也是人类对大自然初次认识的记载，其中包含了人们价值观的取向。这必然会影响后代人们的思维方式。因此通过创世神话故事我们能了解现代人们的思维方式。东方和西方的创世神话故事有明显的区别，这种区别对东西方思维方式产生了影响。

东西方的创世神话有巨大的区别。在西方的创世神话里，世界万物之间没有密切的关系。他们认为万物有各自的领域。比如，在西方的希腊神话里，有一位叫宙斯的神。在他的领导之下，海神、冥王、战神、太阳神等各个神担任其政，共同参与创造世界。他们有自己的领域，并且要管理其领域，互相不能干涉其他领域的事情。也就是说，西方人认为天、地、海、冥、日、月是不同的领域，不是一体的。再如，在西方犹太教和基督教的共同神话《圣经·创世纪》里出现了唯一的神耶和华。该神话记载他利用六天的时间来创造万物的故事。此记载的特别之处在于他的创世方法。神说要有什么，就有了什么。在这里也看不出来天、地、光、海、树木、动物之间的关系。

相反，在东方的创世神话里，我们能明显地看出天地万物之间的关系。东方人认为大自然就如人类的身体一般，互相之间是联系的。在中国的创世神话《盘古开天辟地》里，人类老祖宗盘古的肉身成为天地万物。不仅如此，据印度最古老的诗歌集《梨俱吠陀》记载，众神以原人布鲁沙为牺牲祭祀，布鲁沙死后他的尸体变成万物。他的嘴变为婆罗门（Brah-mana），双臂生成刹帝利（Ksatriya），双腿变成吠舍，两脚生出首陀罗（Sudra），意念产生月亮，眼睛变作太阳，口中生出因陀罗（武勇神）和阿耆尼（火的神），呼吸生出风神，脐产生空界，头演化为天界，双脚生地界，耳中生四方。再如，《日本书纪》卷一神代上，伊奘诺尊（Izanagi）从黄泉（阴间）国回来，为除去身上的污秽在筑紫（日本地名）日向小户橘之檍原（日本的河名）洗涤全身，并在洗身时诞生神灵。

　　通过创世神话故事，我们能发现西方思维方式的取向是独立的。在希腊的神话里有很多神。他们各有各自的领域，并且互相之间不能干涉其他神的领域。《圣经》也不像东方的神话那样世界万物之间有明显联系。相反，东方思维方式的取向是一体和链接。东方的神话里明显能看出万物之间的关系。例如，盘古死后他的身体成为万物。于是万物就像人的身体一样是链接的。因此，东方人们主张人是与自然链接的。他们认为人是自然的一部分，是小宇宙（人体一小天地）。这样的思想使他们爱护自然和保重他们的身体。在中国古代文献里也有相关的记载。《礼记·祭义》言道："身也者，父母之遗体也。"这种不同思维方式在医术方面也能找到。东方的医术认为生病的原因来自其他器官不良的缘故，因此会治疗与发痛部位有关的器官。然而，西方的医术认为生病的根本原因在于发痛的部位，于是会进行发痛部位的研究。

　　综上所述，西方神话故事里万物是各自独立的，而在东方神话故事里，万物之间彼此联系。这样的区别产生了东西方世界观的差异。通过对东西方神话故事的研究，双方都可以更深刻地了解自己的文化和思维模式。而且这样的自我认识使双方开阔眼界，促进国家之间的交流，并且发展。

课后实践：整理数据

　　小论文第四步：整理分析调查数据，以备论文写作使用。

第十三课　学术论文的语体

本课重点

1. 分类论述与论文内部的逻辑性
2. 学术论文风格特点及体现

阅读讨论

（1）下面两篇文章，一篇发表在学术期刊上，一篇是公众号的推送文章。其内容都是对楼盘命名进行调查，说说它们在风格上有何不同？并在文章中具体标识出来。

（2）思考：为什么两篇文章的内容相似，但在风格上有这么大的不同？发表的载体不同，说明其读者群不同，文章的风格与读者群、作者发表作品的目的是否有关系？

（3）为《武汉楼盘名的语言特点研究》写出摘要和关键词。

学术论文

武汉楼盘名的语言特点研究

程　宏

摘　要：

关键词：

一、引言

楼盘名是一种特殊语境下的语言现象，其个性化、新颖性、趣味性、创造性吸引了大众的眼球，传递出独特的意义潜势。本文以笔者从网络收集的 450 个武汉最新楼盘名为研究对象，探讨楼盘名的音节、语义特点及语用效果。

二、楼盘名称的音节选择

表1　450 个楼盘名称的音节选择统计

	音节	楼盘名实例	数量	所占比例（%）
1	二音节	雨巷	1	0.22
2	三音节	爱晚亭、心斋桥	35	7.78
3	四音节	万达广场、锦绣龙城、日月山水	228	50.67
4	五音节	新长江青源、丝宝叠翠园	55	12.22
5	六音节	世贸锦绣长江、九运木兰水天	91	20.22
6	七音节	桃花岛城市花园、天鹅湖假日山庄	17	3.78
7	八音节	世纪家园·幸福人家、南湖华锦·春天故事	9	2
8	九音节	南湖·新世纪宝安花园	12	2.67
9	十音节	博大精品花园·博大佳园	1	0.22
10	十一音节	金银湖国际高尔夫俱乐部	1	0.22

从字数上看，四字楼盘名占据半壁江山，其次为六字楼盘名和五字楼盘名。其余楼盘名均未超过总数的 10%。二字楼盘名过于简略，使用较少。七字、八字、九字、十字、十一字楼盘名，字数多、难读难记，数量也少。由此可见，四字、五字、六字楼盘名是武汉楼盘命名首选。此外，楼盘名称以四字、六字居多，呈偶数化特点，符合中国人崇尚匀齐对称的审美心理。

从音节上看，楼盘名形成"双音节 + 单音节""双音节 + 双音节""双音节 + 双音节 + 单音节""双音节 + 双音节 + 双音节""双音节 + 双音节 + 双音节 + 单音节"的结构，体现了诗歌元素。我国古代的四言诗、五言诗、六言诗、七言诗基本节拍的模式为"2 + 2"，"2 + 2 + 1"，"2 + 2 + 2"，"2 + 2 + 2 + 1"。武汉四至七音节的楼盘中，大多都以这种节奏命名。比如"黄金海岸""环亚艺术家""嘉鑫假日广场""金色雅园金沙苑"。这些诗歌化的楼盘名称读起来匀称、均衡、顺口。此外，楼盘名的一个明显特点是音节偶化现象。往往在一些本是单音节的通名，如"苑""园""谷"等前面加上修饰语，使原本的单音节词也变成双音节词，如"花苑""佳苑""翠园""雅园""康庭""溪谷""慧谷"等。音节偶化，"2＋2"音节节奏是现代汉语的一种重要的节奏倾向。

从韵律上看，楼盘名讲究平仄韵律，体现了汉语的音乐美。楼盘名称中，以平声字结尾的名称有 326 个，远远多于以仄声字结尾的名称。如"领袖城""东方莱茵""蓝湾俊园""青青美庐"等。

三、楼盘名的语义文化分析

楼盘专名反映出生活概念、建筑形态，体现楼盘的核心价值，突出差异化，显现出传播价值。楼盘专名也蕴含着丰富的社会文化内容。武汉楼盘名称的分析揭示以下特点：

1. 古典文化韵味

一些专名构词精巧、诗意盎然，如"爱晚亭"来源于诗人杜牧诗句"停车坐爱枫林晚"，使人联想起信步山林，清幽宁静，枫叶如火的美妙画卷。"芳草园"来源于唐代诗人崔颢的名句，"芳草萋萋鹦鹉洲"，碧空如洗，青草芬芳，大自然的趣味让人流连忘返。这些充满文化底蕴的楼盘名称直接表达了该盘的风格。

2. 国际化

取洋名成了众多楼盘吸引眼球的重要手段。如"戛纳印象"，宣传戛纳地中海式的风情。"米兰印象"，体现了年轻时尚潮流特征。"欧洲花园""巴黎豪庭""莱茵城"流露出高贵典雅的欧式风情。楼盘名中加入英文，突出该楼盘的异域风情。如"美院 COAST"，其联想意义为美式风情，美丽的沿海风光。

3. 数字化

统计中，有5%的楼盘名中包含数字。如"80社区""90街区"非常精准地抓住了目标客户群80后、90后青年置业者。"宜家汤臣三期庄园1896"，历史久远，能让人感觉到高品质的生活状态。

四、存在的问题

1. 楼盘名花哨雷同

武汉市很多楼盘名没有突出差异化。如"碧水晴天"和"碧水云天"及"阳光花园"和"阳光小区"，而统计中的楼盘名涉及"华庭""水岸""国际"的，名称雷同的超过10%。

2. 楼盘名中英结合或全部英文

有些楼盘名或中英结合，或全部英文。普通大众难以理解。如"龙潭SOMO""ROSE上院""王＋ONE""MO＋""JANE'SLOVE"等。楼盘名没有反映出生活概念、建筑形态，没有体现出项目的核心价值。根据武汉有关楼盘建筑命名的相关规定，武汉市楼盘高层建筑物禁止以外国人名、地名、商品名、商标名作地名专名或部分专名，因此，如果持该类名称申报门牌地名，将不予受理或劝其进行修改后再申报。

五、结语

通过对武汉新近450个楼盘名称的分析，我们可以发现楼盘名称在音节选择、语义内涵等方面都有显著特征且不断发生变化。楼盘名音节以四、五、六音节居多，但呈现六、七、八音节越来越多的趋势。音节存在偶化现象。专名的语义内涵凸显其古典文化韵味、国际化和数字化。这印证了社会是动态发展变化的，体会社会生活的语言也是动态发展变化的。楼盘名显示了一座城市的特质和社会文化的变迁。同时，楼盘命名还存在华而不实、取名雷同及过分依赖英文的特征，应当引起有关部门的重视，合理引导，并建立相关法规，使之既能保持语言创造的活力，又要规范化。

参考文献

[1] 冯胜利. 汉语句法韵律学 [M]. 上海：上海教育出版社，2000：90.

[2] 贾益民，张雪芹. 广州新建住宅楼盘名称命名分析 [J]. 暨南大学华文学院学报，2006（2）：67.

［原文载于《中国校外教育（下旬刊）》2011 年第 1 期］

公众号文章

大数据告诉你楼盘最爱取什么名

何田田

数据来源于广州国土房管局阳光家缘网站。经过对 4 843 条项目信息的筛选、整理，从 2005 年至今，广州共建立 1 437 个楼盘（包含写字楼），剔除"栋、幢、座、号、商"这些无关要紧的，这么多楼盘合计使用了 703 个字符。最爱选字排名见右图。

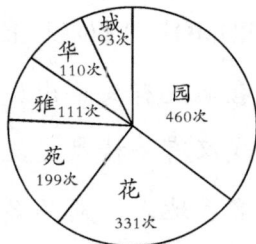

频次超过90的超级用字

小区的后缀名出现频率最高的，当之无愧是"园"（460 次），其次是"花"（331 次）。其实不意外，"花园"这一后缀是楼盘标准用法，而且能给人以宜居的感受。中国以前只有机关大院和居民楼，花园是小区时代的产物，可谓应运而生以至铺天盖地。

排名在前的还有"楼、景、庭、轩、居、府"，以及富有珠江特色的"珠、江、湾、沙、洲"。这些都是很容易理解的。特别想说一下这个"庭"，出现的频次不少（85 次），但基本都坚定不移地组合成"华庭（42 次）、豪庭（15 次）、君庭（5 次）"，还有"雅庭、皇庭"……你们真是够了！！！明明住在大马路边，偏偏都以为在宫廷。

不过，修饰词才是地产商最爱，广州楼盘竟然最爱超级无敌土豪"金"。

金玉满堂的"金碧"乃居家不二之选，如：金碧世纪花园（黄埔区）、金碧御水山庄（花都区）、金碧新城（白云区）、金碧雅苑（白云区）、金碧绿洲（白云区）、金碧花园（海珠区）、金碧湾（海珠区）、金碧翡翠华庭（天河区）、金碧园（番禺区），等等。

其实不是金子俗，只是把好的词语都堆砌起来，反而暴露文化的浅薄。比如这个"金富苑银汇阁"，第一眼看过去没有反应过来，这是地下钱庄吗？比如"金凤皇庭"，感觉来到穿越小说里的山寨王朝；再比如"御金沙"，反正"御"字也出现了65次。

接下来是"新"字（75次），距离"金"仅一次之遥，"新"字是很偷懒的取名方式，不想重名又不想那么土豪，新一新就可以了，譬如：新时代家园、新晖朗悦居、新金海御苑。"新"字还寄托着和谐社会的希望：万象新天花园、东方新世界……

除此之外，还有217个字只有1个频次，仔细看看就知道为啥与世无争了：

鋆、蕴、臻、馥、寰，笔画太复杂；

熊、野、无、养，这些字太野蛮；

棕、梓，"粽子"来了！

楼盘取名最能反映价值取向，穿金戴银，非但没法给人以高大上的印象，反而带来一种庸俗的感觉。一个家，理应给人以温馨的感觉。"花园"取代机关大院，可谓开时代先河；可惜，楼盘又陷入金玉满堂式的追

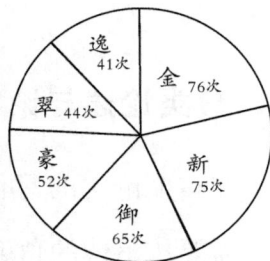

修饰词排名榜

（逸 41次、金 76次、翠 44次、新 75次、豪 52次、御 65次）

求之中，仿佛不给人以宫廷般的至尊感受，就不足以说明楼盘的高大上。不过，明明在马路边，明明在臭水沟旁，偏偏叫成"香榭丽舍"，这是自夸还是自嘲？

[首发于微信公众号家屋屋（its－home）]

一、分类论述与论文内部的逻辑性

在整个论文的写作过程中，要运用到分类按顺序论述。在制定大纲的时候，需要从整体的角度对论文进行划分：本论文要讨论几个问题，或者从几个方面分析。在具体某一个问题的探讨中，也仍然需要进一步细分。在论文的某一个板块中也要进行分类，如在综述文献的时候，需要首先对搜集的文献按照某一标准进行分类，然后才分别进行概括说明。

分类的时候需要注意所分类别不能交叉，不能有上下位的混淆。同一个层面的划分，必须保证划分标准是一致的。

例如《武汉楼盘名的语言特点研究》一文对所搜集语料进行整理的时候，分别从字数、音节、韵律的角度对这些楼盘名进行分类分析。整篇文章从音节选择、语义文化、存在问题三个方面对所搜集的语料进行研究。各角度之间、各小类之间都互不混淆，论述的条理非常清晰，便于读者抓住研究的重点。

练习 1

把下面的几段话按照逻辑顺序重新排序，然后试着为这篇小文章加一个标题，并写出摘要和关键词。

A. 在这261个楼盘名的通名中，占前5位的分别是"公寓""花园""园""小区"和"里"；仅这5种通名的楼盘就占了总数的76.25%。

B.　排在第 6 至 14 位的通名，分别是"家园""新苑""新城""新园""苑""花苑""大厦""新居"和"轩"；这 9 种通名的楼盘占了总数的 16.10%。

C.　在楼盘的推介营销过程中，楼盘命名已成为创意策划的重要手段之一。本文拟以《今晚报》公布的天津 261 个楼盘名为主体，以其他楼盘小区名作为对照，从社会语言学的角度对楼盘命名的语言运用技巧进行考察和阐析。

D.　从上文的调查可以看出，在楼盘命名时，通名的使用比较集中，从统计数字可以看出，"园""公寓""区""里""苑"等数量居于前五位，占到楼盘总数的 90.42%。显然，这些字是居住区的标志性字眼。

E.　通名排名处在后列的有 17 种，这些通名的使用一般只有一两个，如"广场"使用了 2 次，"居住区""碧城""新村"等都使用了 1 次。使用这些通名的楼盘合计有 20 个，占楼盘总数的 7.66%。

F.　调查还显示，当前楼盘命名中选择通名的一个重要问题是重名现象比较严重。例如在 56 个"公寓"里，包括 4 个"温泉公寓"和 2 个"国际公寓"；在 45 个"花园"里，包括 7 个"温泉花园""都市花园""世纪花园"和"国际花园"；在 37 个"小区"里，又包括 6 个"温泉小区""住宅小区"和"安居小区"。这些名称，一方面说明了人们喜欢住在环境优美、适宜养生的地方，另一方面也显示出目前楼盘命名趋同性较强、缺乏创新性的问题。

正确的顺序是：_____

练习 2

申同学在进行一项关于邮箱命名的调查，目前她收集到以下 10 个地址：

zhaoyani9910@163. com（姓名的拼音＋年月）

YUNHYEONUNG@sina. com（姓名发音的英文字母）

betty9802@naver. com（英文名＋年月）

hanul0820@163. com （英文名＋生日）

648200@ naver. com （6 个数字）

qwerty006@ naver. com （键盘从左开始的 6 个字母）

cpcp503@ naver. com （本来是 coco，o 和 p 挨着）

dnjsqls8226@ naver. com （韩文键盘的英文）

dlawndnjs04@ naver. com （韩文键盘的英文）

yalk1228@163. com （名字发音＋生日）

面对这些材料，你有什么发现？可以从哪些方面进行分类分析呢？请你帮她写个提纲。

二、学术论文风格特点及体现

不同类型的文章根据其功用、面对的读者群以及内容，在行文造句上表现出不同的文体风格。对于学术论文而言，其特点是叙述客观、逻辑严谨、重证据、讲科学，因此，一般使用简洁的文字直截了当地将研究过程、研究成果展示出来。而以普通大众为读者群的文章，比较多地体现出主观色彩，有时还为了获得更多的关注而刻意夸大其词。因此，与以普通群众为读者群的一般文章相比，学术论文的风格主要体现在以下几个方面：

第一，尽量淡化作者，降低作者在论文中的存在感。论文中常常用"本文""本研究""本调查""文章""笔者""我们"之类来称呼自己，而且尽量减少介绍自己行为的概率。例如：

我打算研究以下三个问题

——本文拟研究三个问题

——文章将从三个方面加以介绍

我于 2018 年 10 月 3 号到 5 号在中国人民大学随机采访了 100 名留学生。

——→调查组／我们于 2018 年 10 月 3 号到 5 号在中国人民大学随机采访了 100 名留学生。

——→本次调查于 2018 年 10 月 3 日到 5 日在中国人民大学进行，采取随机采访的形式，调查对象为留学生，共计 100 人。

第二，尽量避免主观情绪的流露。作为论文的文学评论与作为普通文章的读后感都是对作品的评价，但是前者是学术论文，不会有个人情绪或者个人收获之类的内容，而后者常常强调个人的情感共鸣或者从中获得的体会感悟。例如：

读到这里，我被主人公的精神深深感动了
——→作品的另一成就，是塑造了一个具有高尚人格的农民形象

《大数据告诉你楼盘最爱取什么名》是一篇微信公众号文章，突出个性，彰显自我，作者的嬉笑怒骂完全在字里行间表露出来，例如：

你们真是够了！！！明明住在大马路边，偏偏都以为在宫廷。
但基本都坚定不移地组合成……
广州楼盘竟然最爱超级无敌土豪"金"
第一眼看过去没有反应过来，这是地下钱庄吗？比如"金凤皇庭"，感觉来到穿越小说里的山寨王朝……
不想重名又不想那么土豪，新一新就可以了……

作者通过大数据统计，发现广州楼盘在命名上存在的一个问题是过于集中在某几个字上，《武汉楼盘名的语言特点研究》一文也同样看到了这个问题，

但该文的表述是：

> 1. 楼盘名花哨雷同
>
> 武汉市很多楼盘名没有突出差异化。如"碧水晴天"和"碧水云天"及"阳光花园"和"阳光小区"，而统计中的楼盘名涉及"华庭""水岸""国际"的，名称雷同的超过10%。

总之，论文一般以数据说话，客观、理智地进行推理论证，而不是以情动人、以情感人。

练习 3

下面的句子是从学生习作中摘出来的，画线的地方都是在风格上与论文不和谐的，请你将它们改成适合学术论文语体风格的句子。

> 你们听说过智慧之神吗？古希腊的神话故事可以说是世界百科全书和文化之源，非常值得研究。但是，关于古希腊神话里的智慧之神的研究还不多见，而且没人意识到各个神的厉害之处，所以这个话题非常值得研究。
>
> "神话"中充满了神奇的幻想，它把古代的劳动者的愿望和世界万物的生长变化都蒙上一层奇异的色彩。我读完古希腊神话故事后，觉得古希腊的智慧之神特别厉害，所以我想进一步地研究智慧之神。
>
> ——申智宇《东西方智慧之神之差异》

分析：这段话存在以下问题：①普通作文中为了吸引读者，可以用一个问句开头，在论文中不需要。②使用了口语词汇，如"我""厉害""觉得""想"。

修改为：_____

_____

> 我调查的对象是我的英雄联盟账号的好友 100 名玩家和我的几位朋友、师兄师姐，按男女性别分为两组，还有按在游戏中个人的段位分为三个层次：青铜白银、黄金白金、钻石以上。划分两个层次的群体进行分析是为了具体了解不同性别的玩家选择昵称的倾向。
>
> ——崔昊镇《英雄联盟游戏中玩家的昵称调查》

分析：这段话存在以下问题：①"我""我的朋友""师兄师姐""还有"都是口语词。②没有按照介绍调查对象的句式去写。可以改成：本文以……为调查对象/本文调查了……，本文的调查对象是……，为了……把……分为……。

修改为：_____

_____

_____

> 在篮球世界已经达到最高境界的 NBA 优秀的选手在比赛中犯的失误就少吗？排位越靠前失误越少吗？倘若按照笔者以往的想法，答案是"应该是的"。我们统计出来的 NBA 优秀选手排位表和失误统计表推翻了笔者个人的想法。
>
> 从排位表上看，当前 NBA 选手排位第一的是詹姆斯·哈登。然而在图 2 失误统计表可见到，他在比赛中总共犯的失误为 315 次，位列第三。除了他，拉塞尔·威斯布鲁克、勒布朗·詹姆斯等七个排名靠前的优秀选手也在失误榜中遥遥领先。

> 这表明失误多并不能说是一件坏事。失误多可以说是尝试得多，得到的机会多。尝试得多可以说是认真对待比赛。
>
> 每个人无法在生活当中的每个瞬间保持完美。为了争取最佳结果也可能会有更多的失误。但统计表显示，多尝试的人，一定会得到更好的结果。
>
> ——梁文赫《NBA优秀选手排名与失误的关系》

分析：这段话的主要问题是没有按照学术思维方式安排内容。学术论文中一般先展示数据，再分析原因，进行评述。

修改为：_____

_____

_____

练习 4

找出《大数据告诉你楼盘最爱取什么名》一文中体现个人情绪的语句。讨论一下：假如要把这篇文章改成学术论文，应该怎么改？题目这样写是否合适？可以怎么分章节？最后将这篇公众号文章改写成一篇学术论文，要求内容包括：题目、摘要、关键词、正文。

课后实践：完善初稿

小论文第五步：完善论文初稿，确认论文的题目、摘要、关键词、正文、参考文献各部分完备，字数不少于 1 000 字。将主要观点整理成PPT，以备交流。

　　在课题研究及论文写作的过程中，研究人员常常需要在本专业的学术圈里，或者在本专业社团内，进行各种交流，比如：请求同行专家提供相关研究资料、参加小型学术研讨会宣读论文、私下通过面谈或者邮件形式对某个观点进行交流、要求提供技术咨询与帮助等等。通过交流，可以帮助研究者获取更多的信息，避免盲点，发现逻辑或者材料上的漏洞，在研究方向或者研究方法上获得启示，了解目前同行的最新研究进展，等等。

第十四课　习作修改与点评

本课重点

1. 比较习作修改与点评

2. 调查习作修改与点评

3. 毕业论文点评

一、比较习作修改与点评

初稿

论文（作者：尹铉雄）	点评
①**题目**：中韩两国牛郎织女故事的差异 ②**摘要**：牛郎织女是一个很有名的故事，自从这故事发生后，随着时间过去，牛郎织女的内容变了。而且产生了多种多样的版本。我的祖国，韩国也有牛郎织女传说。但我来中国以后发现，中国也有牛郎织女的传说。本文旨在通过整理两个国家的牛郎织女传说来探索它们俩的关系和异同点。 ③**关键词**：牛郎织女，中韩对比 **一、中国牛郎织女故事的内容** ④⑤华轩居士根据《诗·小雅·大东》以及《史记·天官书》考证牛郎和织女历史上确有其人，牛郎本姓龚名季（约公元前900年），地理分析为恭州津琨双凤人（重庆江津四面山镇双凤村）。织女张氏乃大家	①"题目"两个字去掉，采用"居中"即可表明题目的身份。 ②"摘要"写成了引言，适合放在正文开头。 ③两个关键词之间用分号，不用逗号。 ④正文没有开头/引言部分。 ⑤引用没有注释。

闺秀，诗经记载其为夸父做事，后为神话巧女、爱与美之神，类似于西方维纳斯。据地方县志记载，双凤镇原名龙凤镇，寓意龚季和织女的一对龙凤胎儿女，北宋时期避宋神宗讳而更名双凤。据考证，当地有个双胞胎村和金扁担村，龚季就是用这金扁担来挑一对儿女的，现今的新婚男女络绎不绝地对着这尊金扁担巨石祈福，既希望爱情忠贞，也希望获得双胞胎。⑥它的主要内容是织女是王母娘娘的孙女，她和六姐妹在天宫给天织彩衣。地上有个牛郎，哥嫂对他不好，牛郎分家另过，只给他一头老牛。牛郎依靠老牛的帮助，披荆斩棘，耕田种地，日子渐渐过得好起来。但他一个人总感到很寂寞。有一天老牛突然开口说话了，说七姐妹要下到温泉洗澡，牛郎可趁机把织女的衣服藏起来，让她答应做牛郎的妻子。牛郎照老牛的说法办了，在温泉旁说服织女，二人结成了夫妻。婚后，二人男耕女织，相亲相爱，生活十分美满，还生下一儿一女。但他们的婚事被天帝知道了，天帝派天神把织女捉回天庭问罪。牛郎追不上织女，抱着一双儿女痛哭。后来牛郎披着从牛身上剥下来的皮，挑着孩子，到天界寻妻。正当牛郎与织女要相见时，王母娘娘拔下头上的金簪，沿着银河一划，清澈的银河一下子变成了波涛翻滚的天河，迫使牛郎和织女隔河相望。后来，天帝和王母娘娘受到了感动，允许他们每年七月七日晚上相会。

二、韩国的牛郎织女故事的来源及内容

⑦⑧每年七月七日，两颗星中间隔着两颗星，位置很近，这一事实就出现了故事。该传说的发生时间虽然不确定，但在中国古代时期建成的孝堂山的石棺的三足乌图中，可以看到织女星和牛郎星，可以追溯到以前的人。在春秋战

⑥ "它的" 显然不是指前一个材料。

⑦使用文献中的材料时一定要注明出处。

⑧这个地方显然只是材料的堆积，没有进行加工整理。

国时期，人们通过天文观测发现了银河系，《诗经》等讲述了牵牛和织女两颗星的特点。在韩国江西、德兴等地发现的高丽古坟壁画（408 年）中，也有关于牛郎和织女的作品。韩国的牛郎织女故事是这样的：从前在一个星球上住着一位美丽的姑娘。姑娘的布织得很细，是织女。不知不觉间，姑娘已长大成人，她父亲就让她与牵牛结婚了。牵牛是放牛的。结婚后牵牛和织女过得很幸福。陶醉于爱情的他们忘记了织布，也忘记了放牛。但是在国王的统治下，牵牛和织女的爱情和幸福是无法长久的。国王骂了他们："牵牛的天职是放牛，织女的天职是织布。你们哪怕是一刻也不能忘记织布和喂牛。从今往后，你们分开，一年只七月七日相见。"国王立即驱逐他们。于是织女到银河的东侧织布，牵牛到西山去喂牛。

三、中韩两国的牛郎织女故事⑨进行比较

⑩韩国有家父长制度。因此，在韩国的故事里可以发现，织女被上帝决定结婚的对象。<u>相反</u>，在中国的故事里，织女自己选择结婚的对象。为了强调这一点，韩国的故事里出现的人物只有三个，但在中国的故事里出现了七个。

⑪还有，韩国从古代开始有独特的"恨"文化。由此可见，牛郎和织女被上帝隔离后面对困境的反应不一样。在中国的故事里，他们俩常常通过写信的方式来联系，但是在韩国的故事里，他们俩每天怀念着做自己的任务。

⑫从中韩两国的故事里可以看到，故事里的动物形象是一样的。在韩国，喜鹊是一种幸运的征兆，在中国，喜鹊是吉祥的象征。

这两个故事都告诉我们，夫妻双方要尽全力履行自己所

⑨"进行比较"不适合做标题。

⑩比较出来的同或异都是文章的观点，需要充分论述，而该文显然严重缺乏论述意识。

⑪"恨"文化显然更深层，值得深入挖掘。

⑫同和异穿插在一起，显然不合适，需要分类论述说明。

承担的职责。

此外，男女受到神的惩罚，为了再次重逢而忍辱负重1年，这可以看作应通过的一项程序。

⑬还有，在闲暇的时候经常见面和分手，再一次见面，这就说明了它相当于天体宇宙秩序。

⑬要尽量避免口语表达。

从两个故事里的上帝及牛郎和织女的关系中可以看到，牛郎和织女都在上帝的统治下生活。这明显地表示，他们俩在封建社会里生活。

⑭**参考文献**

樊璐，中韩两国牛郎织女传说的异同探析《剑南文学（经典教苑）》2013 年 08 期

中韩牛郎织女故事比较研究。潘雪玲。黑河学刊 2015 年第 5 期

樊璐，浅析中韩两国牛郎织女传说的异同，百姓论文网，2013 年 9 月 5 日

⑭参考文献格式不规范，所选择参考的文献不具有权威性。

总评：

从题目来看，在中韩不同背景下研究同一个故事的不同存在，其基底有文化因素支撑，有可比性，而且能够深入挖掘，选题很有价值。文章使用 A、B、AB 比较的框架，也是比较法经常使用的结构类型。从观点来看，作者还是能从中分析出一些独特见解的。但是，文章的写作显然相当不规范，主要体现为：引用的材料没有注明出处；基础部分材料堆积；观点部分缺少论述；条理不清楚；参考文献选择不恰当，格式不规范；摘要和关键词写作不规范。这些都是初学写论文者容易出现的问题。另外，虽然题目是"差异"，但是文中还是比较了相同之处，这样题目就不能包含全文，建议改成"比较"。在比较的

结论中，"恨"文化显然是更深层的原因，应该进一步挖掘，其他都是这个心理特征的具体体现，建议进行重点论述。该同学在习作的时候，能够搜索各种有关材料，但是，只知道从网页上搜索，却不知道利用专业的论文库，也不能判断何种文献才具有参考价值。这也是教师应该注意的地方。

修改稿

中韩两国牛郎织女故事比较	点评
摘　要：中韩两国都有牛郎织女的民间故事，但是在故事的内容、人物形象的设计、结局等方面都不相同，反映了中国人喜欢"大团圆"的文化心理，而韩国人欣赏"恨"文化的心理特征。 **关键词**：牛郎织女；中韩比较；"恨"文化；"大团圆"	摘要和关键词的写作都比较规范。
牛郎织女是一个很有名的故事，讲的是天上的牛郎星和织女星的爱情，在中国和韩国都流传很广，但是两个国家的故事在细节上有很大不同。很多学者都注意到了这个现象，如李彦红（2007）、樊璐（2013）、潘雪玲（2015）等，对牛郎织女的故事在中韩两个国家中的不同呈现方式进行了细致的比较。潘雪玲（2015）分析了两个国家的故事在婚姻性质、人物形象、动物形象、七夕节风俗等方面的异同。但是，我们认为对这两个故事所反映出来的民族文化心理还需要进一步挖掘。 　　例如，潘雪玲（2015）比较了两个国家牛郎织女故事的婚姻性质，认为一个是自由恋爱，一个是父母命令。我们认为这些都是表面上的，最深层的内容还没有被挖掘出来。本文拟对两个国家的牛郎织女故事进一步分析比较，挖掘其深层民族文化心理。	增加了引言，增加了研究现状。

一、中国的牛郎织女故事

中国的牛郎织女故事，有很多种版本（樊璐，2013），尽管细节各异，但是整体的框架还是相同的，即牛郎与老牛相依为命，牛郎偷织女的衣服留下织女，织女生了两个孩子，王母娘娘派人抓走织女，牛郎在老牛的帮助下追上天，王母用银河分开两人，后来两人每年七夕见一次面。

在这些故事中，有几个细节需要讨论：第一，为什么织女能嫁给牛郎呢？第二，为什么老牛能帮助牛郎呢？第三，为什么王母娘娘能答应他们见面呢？

在织女为什么能嫁给牛郎上，叶圣陶的《牛郎织女》是这样说的：一天晚上，老牛告诉牛郎第二天黄昏的时候去山那边的树林里的湖边捡一件粉红色的纱衣，牛郎听了老牛的话，第二天就因为这件衣服见到了织女。织女因为王母娘娘老让她干活，像在监狱里一样才偷着跑到人间，不想再回去，牛郎提议他们结婚，织女就同意了。越剧电影《牛郎织女》的情节有点不同：牛郎和织女在前世就是有情人，老牛也是旧相识。但是牛郎被罚到人间，而且不知道前世的事情了，织女一直思念牛郎，所以偷跑到人间，假装偶遇牛郎，在老牛的撮合下结为夫妻。虽然情节不尽相同，但是有一点是相同的：牛郎憨厚能干，善待老牛，身世可怜，织女同情他、喜欢他。

为什么老牛能帮助牛郎呢？几个版本都一样，就是牛郎非常善良，对老牛特别友好。在帮助牛郎上天的情节上，叶圣陶的《牛郎织女》里是老牛老死了，死前提醒牛郎留下他的皮。越剧《牛郎织女》里是老牛把自己的牛角摘下来，这样老牛就不能说话了。

为什么王母娘娘能答应他们每年见一面呢？叶圣陶的《牛郎织女》里，织女不停地抗争，最终迫使王母娘娘勉强做出让步。在越剧《牛郎织女》里，牛郎在织女掷出的梭子的指引下终于见到了织女，两个人相拥不分，王母大怒，在两个人中间划出了一条银河，喜鹊们同情两人的遭遇，所以自动搭起了鹊桥，让他们相会。

二、韩国的牛郎织女故事

韩国的牛郎织女故事版本也很多，不过有两个版本流行比较广，一个是"婚后废织"，在织女父亲的安排下，织女和牛郎结婚了，婚后两个人陶醉于爱情，织女忘了织布，牛郎忘了放牛，织女的父亲很生气，就把他们分开了，一年只允许见一次。两人悔恨不已，各自怀念。

另一个版本是李元寿、孙东仁写的："牛郎勤勉，天帝指婚，成婚后只顾玩耍，天帝愤怒拆散两人，命每年七夕团聚，一年后两人因银河水太过宽阔而只能两两相望，痛哭流涕，泪化作雨形成洪灾，喜鹊和乌鸦飞上银河架起桥梁，两人相见，七夕后喜鹊和乌鸦的头因被牛郎织女所踩而秃顶。"

三、"大团圆"文化与"恨"文化

中韩两个国家在牛郎织女的故事上，除了两个人的工作（一个是织布，一个是喂牛），以及最终的结局（被迫分开一年一见）之外，并没有多少相同之处。这种不同，我们认为其实是中国人喜欢"大团圆"的心理和韩国人"恨"文化心理的表现。中国人一直喜欢"大团圆"的结局，无论是才子佳人的故事，还是妖精鬼怪的故事，不论经过多少挫折，最终都有一个比较明亮的结尾。例如《白蛇传》的故事，白蛇和许仙虽然被迫分开，但是他们的儿子最终劈山救母，一家人团聚。这些有着光明结局的故事，男女主人公都有着高尚的品德，而且对爱情忠贞不渝。例如不论在什么版本的故事中，牛郎都是勤劳能干、善良憨厚的人，尊敬老人，遵礼谦让。而织女呢，也是勤劳善良、尊敬老人，具有传统的美德。例如在越剧《牛郎织女》中，牛郎和织女在收获节上先把新谷瓜果让给老人，而且两人都是公推的劳动模范。尽管大哥大嫂有恶行，但是牛郎织女对他们不离不弃，有福同享。在整个故事中人缘特别好，名声特别高。所以在遇到困难的时候能够得到大家的同情和帮助。另外，这个大团圆的结尾，也是通过不断的抗争和坚持得来的，两个人忠贞不贰的爱情最终战胜了恶势力。

　　而韩国的故事不论是结局还是人物、过程都表现出各种"不完美"。虽然最终结局也是能一年见一面，但是这个结果不是因为自己的抗争而使恶势力最终妥协得来的，而是家长的惩罚，或者是因为他们造成了新的灾难（泪水造成了洪水）而不得不弥补他们的，而且因为为他们搭桥，乌鸦和喜鹊还被踩秃了头。在人物的形象上，牛郎织女两

在归纳观点的时候，只保留突出了原稿中的"恨"文化，增强了论述，使观点更加充分。

人因为沉迷于婚后生活而耽误了自己的工作，显然也看不出他们有多少理想的人格魅力。在整个过程中，没有中国故事中的为了爱情而拼死抗争，天上地下地追寻，而是被动地忍受、接受。无论是婚姻还是分离的结局，无论是父亲还是天帝的指令，他们只是唯命是从，不抗争不坚持，如果说做了什么的话，就是不停地哭泣。

韩国牛郎织女故事的这种设定，其实完全是韩国人"恨"文化的体现。韩国学者金烈圭在《恨脉怨流》（1981：15）中指出，"恨"是韩国人特有的心理特征，它不是个别人的经验，而是整个民族的"集体无意识"，是在长期历史过程中积累起来的一种大众化的社会风尚和伦理观念。"恨"是一种内心情感，是怨恨、悲哀、痛苦、失望、悔恨、遗憾、无奈，但不是仇恨，没有具体的复仇对象。"恨"是对未能实现的梦想的憧憬，是对未能完成的事、达不到的目的而表现出的感情，包含着愤怒、自虐与饶恕。"恨"的心理在韩国多种文学作品中得到体现，也符合韩国民众的审美心理。（王晓玲，2010）在牛郎织女的故事上，两个不完美的人因为贪求婚姻生活的享受而荒废了工作，被罚一年只能相见一次，两个人如洪水的泪水也不过是怨恨、悲哀、痛苦与悔恨。

有趣的是，在两个国家都产生了与牛郎织女故事很相似的故事，比如中国的黄梅戏《天仙配》讲了一个憨厚善良、身世可怜的董永和天上善良、心灵手巧的七仙女相爱的故事。七仙女因为同情和羡慕人间的生活而爱上了

修改了原来引用不加注释的毛病。

董永，偷着下凡，在槐荫树的见证下两人结为夫妻，最终被王母发现，悲愤离去，嘱咐董永第二年在槐荫树下接孩子。而韩国还有一个"樵夫遇仙"的故事：樵夫救了一只受伤的鹿，鹿为了报恩告诉樵夫偷了仙女的天衣结婚，后来仙女得到天衣重返天庭，樵夫在鹿的帮助下也到了天上，再后来樵夫思念母亲下凡，仙女告诉他不要脚踩地，但是樵夫违反了禁忌就留在了人间，死后变成鸡每天望着天打鸣。《天仙配》虽然没有大团圆的结局，但是也有一个比较光明的尾巴：两个孩子还是被送回到父亲身边。但是韩国的"樵夫遇仙"的故事仍然是一个无奈的结局：因为自己的过错而导致两人分开，而且两人之间好像也没有忠贞的爱，仙女得到天衣之后就毫不留恋地离开了丈夫。可见，"大团圆"和"恨"的文化心理差异并不单单表现在牛郎织女的故事上。

四、结语

　　怎么讲故事，什么样的故事让人喜欢、容易接受，其实是民族文化心理的体现。在中国，人们喜欢听完美的人物遭受打击极力抗争获得圆满大结局的故事，而在韩国，人们喜欢听未能完成、达不到目的而怨恨、悲哀、痛苦的故事，在这两种文化心理下，产生了两种几乎是截然不同的牛郎织女的故事。

参考文献

　　[1] 樊璐. 中韩两国牛郎织女传说的异同探析[J]. 剑南文学，2013(8).

参考文献格式规范，而且类型也多样起来。

［2］金烈圭．恨脉怨流［M］．首尔：主友出版社，1981.

［3］李彦红．牛郎织女传说在韩国的传承和变异情况研究［D］．长春：吉林大学，2007.

［4］潘雪玲．中韩牛郎织女故事比较研究［J］．黑河学刊，2015（5）．

［5］王晓玲．韩国"恨"文化的传承与变化——一项针对韩国高中文学教科书的分析研究［J］．当代韩国，2010（3）．

总评：

修改稿在原稿的基础上进行了大刀阔斧的修改，在观点上只保留了"恨"文化一个点，并进行了充分的论证说明，在前期故事的介绍上，也不再是单纯的材料罗列，而是有讨论，有分析。整篇论文有浓厚的思辨性，摆事实，做论证，条理清晰、层次清楚。摘要、关键词、参考文献、引用注释也都十分规范，语言流畅，是一篇比较好的习作。

二、调查习作修改与点评

初稿

手机依赖度的相关研究	点评
朴敏淑	
①**内容摘要**：手机超越了单纯的通信手段一跃成为绝大多数社会构成成员间新的沟通媒介，在这样的情况下，有必要对过度使用手机引发的手机中毒情况进行研究。特别是以大学生为中心调	①摘要缺少调查设计及实施。

查大学生一天使用手机多久，并弄清在什么样的情况下会出现中毒的倾向。研究结果的社会性和趣味性等方面显示手机的过度使用是引发手机中毒的主要原因。

②**关键词**：手机依赖，人际关系，中毒，过度使用

②关键词标点符号使用不规范。

一、导论

我认为本论文通过阐述手机使用达到什么程度可以认为是正常使用或是使用多长时间可以被认为是过度使用或是中毒，可能会对预测引起社会广泛关注的重大问题时有所帮助。手机因为具备移动性、携带性、时效性等优点在现代人的日常生活中成了重要的移动通信媒介。

③(이인희，2001）认为，现在手机已经不是单纯的通信手段，而是一跃成为新的沟通媒介。事实上消费者也是这样认为的（KATE，1999）。장혜진（2002）在研究手机中毒的青少年团体的心理特征的时候，为了测定是否手机中毒进行了问卷调查。还有박응기（2003）以大学生手机使用量为基础阐明了因为手机的使用而引发的中毒倾向。这两个研究都是围绕手机中毒青少年团体的心理特征进行的。

③引用格式不规范。

本论文将通过问卷调查阐明手机对大学生生活产生的影响，也将提出因手机的过度使用而引发的手机中毒相关研究的必要性。

二、本论

④本论文以中国人民大学11名汉语写作学员为对象进行了问卷调查。调查时间是2016年12月4日，以11名学员为对象。调查问卷包括手机的使用动机和手机的使用时间两项内容，符合本论文的研究目的。每一份调查问卷都追加调查了手机使用相关的个人意见。调查对象大部分是90后（55%），按照男女比例来看男生占45%。

④对调查问卷的情况应适当加以介绍。

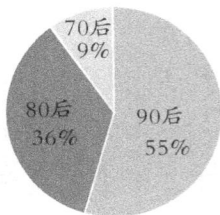

图 1　各年代使用者比例　　　　图 2　使用者的性别比例

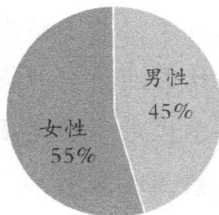

1．手机中毒

最近科学家发现有许多的行为可以被视为潜在的中毒。这样的中毒行为有赌博、暴食、网络游戏、过度收看电视等。在精神心理学上中毒和依赖这两个用语被当作相同意思的用语来⑤<u>使用 1</u>。虽然没有和中毒相关的统一性的行为模式但是在一般的中毒对象中几乎都存在以下 4 点普遍性特征。第一，都对特定的物质或是行为很投入；第二，失去对物质和行为的控制能力；第三，给自己或者周边的人带来伤害；第四，即使有负的结果也持续使用。⑥

　　⑦在 Goldberg（1996）<u>2</u> 的网站上手机中毒是像下面这样定义的。第一，依赖是指不使用手机的话就会出现抑郁、焦躁或闷等情绪，习惯性地使用手机意味着已经产生心理方面的依赖状态。第二，耐性是指只有在多使用手机的情况下才能感到满足的症状。第三，焦躁、不安指的是因手机的使用被中断或是减少而引起的焦躁和不安。第四，退瘾是指对手机存在痴迷的幻想，在手机不在身边的时候非常好奇是不是来了什么重要的电话而引发的焦躁的症状。

　　问卷调查结果显示全部使用者中占 73% 的 9 名使用者一天使用手机的时间在 3 个小时以上。⑧<u>还有就是</u>，在问及有没有把手机落到家里的情况发生时，90% 的人都回答说没有这种情况。也就是说，如果把手机落在家里外出

⑤ 标注错误，应该用上标。

⑥ 引用没有注释。

⑦ 标注格式不规范，应该用上标。

⑧ 使用了口语表达。

的话大部分人会感到不安，假若有没带手机就出去的情况发生的话，一般人都回答说重新回家取手机然后再上班。就像在박응기（2003）有关中毒的定义中了解的那样调查对象大部分都存在手机中毒症状。

追加调查了不带手机出门的话有几种不方便的情况，有记不住重要人的电话，不知道时间（最近把手机当作手表而不带手表的人很多），在约定好的地点没见到朋友等很不方便的情况。

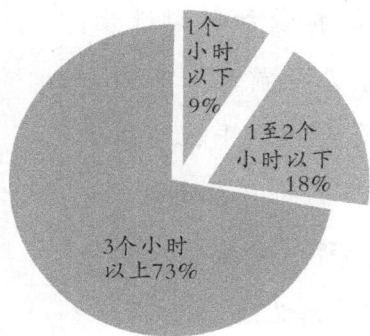

图3 使用时间

2. 手机使用目的

大部分手机使用者早上起来马上就找手机，除了利用手机打电话、发短信，还可以通过手机上网搜索新闻，使用 SNS 等。这些多种多样的功能成为使用者使用手机的动机。

追加调查得出的结果显示：在现在的大学生中，与使用手机打电话和发短信等的次数相比，为了维持社会性而使用手机的时间变长。这就说明，手机被当做通过微博或是网站等公开日常生活（朋友之间），访问朋友的个人主页等的工具而使用。

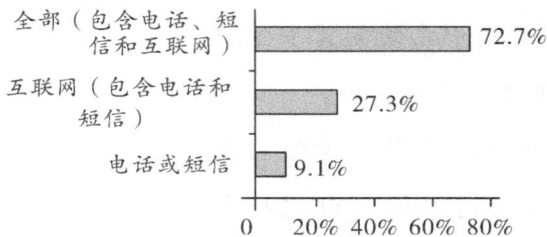

图4 手机用途比例

三、结论

随着手机通信技术的迅速发展扩散和不断进化，现代人的沟通方式也在发生变化。几年前还很贵的手机现在基本上每个人都有。特别是大部分手机使用者都是20多岁，90年代出生的人有较高的消费欲望，也是媒体肆无忌惮暴露最多的时代。所以对这些人的手机使用时间和动机进行研究是非常有意义的。

调查结果显示使用手机的主要动机有社会性、信息获取、趣味性这几点。即受社会性因素的影响，大学生为了维持人际关系而使用手机。也就是说，与其说手机形成了新的人脉网，还不如说为了和本来认识的人保持联系而使用手机（SNS、短信等）。还有，手机因为兴趣和休息的因素也被用在上网获取新的信息，或者分享朋友间的日常生活上等。

⑨［注释］

1. 在장혜진（2003）的研究中使用中毒和依然用一样的意思。용기（2003）认为一般人们使用的"中毒"是"依然"。

⑨无效的注释，前文都有说明，没必要注释。

2. Goldberg（1996）是为了把网络中毒概念化而生成的词语（Internet Addiction Disorder，IAD）。网络中毒诊断的标准有依赖、耐性、焦躁/不安、退隐等4个方面。

⑩**参考文献**

［1］박웅기（2003）．大学生手机中毒相关研究［J］『韩国传媒学报』．47卷2号，P 250～281

［2］이인희（2001）．大学生团体手机使用动机研究『韩国广播学报』．15卷3号，P 261～293

［3］이인희（2002）．手机中毒青少年团体的心理特征［J］，『韩国广播学报』．20卷5号，P 111～150

［4］Goldgerg，I（1996）．Internet addiction disorder.［EB/OL］．http://www. rider. edu/～suler/psycyber/sup-porgp. html.

［5］Kate，N. T（1999）．Public opinion：Cell phone at-tutudes.［J］. American Demogragraphics，19，P 32～50.

⑪［附件］

大学生对手机依赖程度问卷调查

您好！我们是中国人民大学的研究生。最近学生手机中毒已经成为一种社会问题。为了了解学生对手机的依赖程度，本次调查采取问卷方式。这次调查采取不记名方式，您的隐私不会被泄露。十分感谢您能在百忙之中抽空参与我们的调查。

⑩参考文献不规范；不能同时使用两种参考文献写作规范。

⑪使用术语不规范。

1. 您是几零后？

（1）90 后　　（2）80 后　　（3）70 后

2. 您的性别是？

（1）男性　　（2）女性

3. 您一天大概用几小时手机？

（1）1 个小时以下　　（2）2 个小时以下

（3）3 个小时以上

4. 您有没有一起床就找手机的习惯呢？

（1）从来没有　　（2）大部分　　（3）完全这样

5. 您没带手机出门会不会不安？

（1）从来没有　　（2）大部分　　（3）完全这样

6. 您觉得自己依赖手机达到什么程度？

（1）不依赖　　（2）依赖　　（3）完全依赖

7. 您主要用手机做什么？

8. （1）电话　　（2）上网、SNS　　（3）全部

总评：

这是一篇为了练习调查法而做的练习，作者是一位一年级的博士研究生，可以看出，作者比较重视论文写作的格式，在章节、图表、参考文献及引用方面都比较用心。不过，由于调查样本比较小，问卷的设计也比较简单，因此作者试图用大的理论、视角去说明，就显得文题不符。

就调查方法及调查报告的撰写来说，在摘要及正文的基本情况介绍部分，对于调查设计有所缺漏。在问卷的设计上，对选项的处理不够细腻、科学。例如第 3 题，1 小时、2 小时、3 小时的选项不具有区别性。

修改稿

大学生手机依赖情况的调查

朴敏淑

摘　要：为了了解大学生是否存在过度使用手机、手机依赖现象，我们对中国人民大学的 11 名学生进行了调查。调查分为两个活动：问卷调查和访谈。问卷分为手机使用时间和手机使用目的两大内容。调查结果显示，大学生对手机依赖比较严重，有手机中毒的倾向。社会性和趣味性等是其主要原因。

关键词：手机依赖；手机过度使用；社会调查

一、导论

现在手机已经不是单纯的通信手段，而是一跃成为新的沟通媒介（이인희，2001），事实上消费者也是这样认为的（KATE，1999）。장혜진（2002）、박응기（2003）都发现在青少年中存在因为手机的过度使用而引发的中毒倾向。手机依赖是指不使用手机的话就会出现抑郁、焦躁，或是闷等情绪，习惯性地使用手机意味着已经产生了心理方面的依赖状态（Goldberg，1996）。最近一些学者认为过度依赖手机的行为可以被视为潜在的中毒。那么，在大学生中是否存在这种情况？本文将通过问卷调查了解手机在大学生中的地位，以及大学生是否存在过度使用手机的现象。

二、调查基本情况

为了了解大学生是否存在过度使用手机的现象，2016 年 12 月 4 日，我们以中国人民大学汉语写作班里

（批注）

题目保留"手机依赖"，增加"调查"，以符合内容。

摘要增加调查设计。

导论部分删除不相关信息，改正引用标注不规范现象。

第二节标题改为"调查基本情况"，介绍调查动机、调查时间、调查对象、问卷设计等内容。

的 11 名学员为对象进行了调查。调查有两项内容：问卷调查和辅助访谈。调查问卷包括手机的使用时间和手机的使用动机两部分内容，每一份调查问卷回收的时候都追加调查了与题目相关的个人访谈。调查对象大部分是 90 后（55%），男性占 45%。

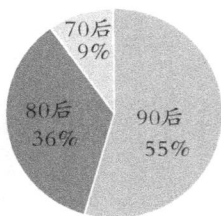

图 1　各年代使用者比例　　　　图 2　使用者的性别比例

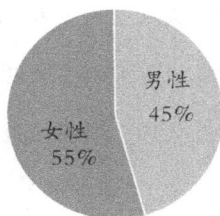

三、调查结果

1. 手机使用时间

问卷调查结果显示全部使用者中有 73% 的使用者一天使用手机的时间在 3 个小时以上。在被问及有没有把手机落到家里的情况发生时，90% 的人都回答说没有这种情况。也就是说，如果把手机落在家里外出的话，大部分人会感到不安，假若有没带手机就出去的情况发生的话，一般人都回答说重新回家取手机然后再上班。就像在 장혜진（2002）有关中毒的定义中了解的那样，调查对象大部分都存在手机中毒症状。

在被问及不带手机出门的话有什么不方便的情况时，很容易被提到的有：记不住重要人的电话，不知道时间（最近把手机当作手表而不带手表的人很多），在约定好的地点没见到朋友等很不不方便的情况。

调查结果分为手机使用时间和手机使用动机两部分，删除手机中毒，使条理更清晰。

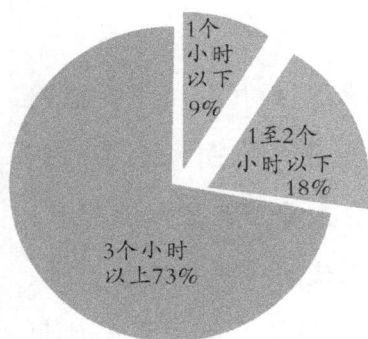

图3　使用时间

2. 手机使用动机

大部分手机使用者早上起来马上就找手机，除了用手机打电话和发短信以外，还可以通过手机上网搜索新闻，使用 SNS 等，这些多种多样的功能成为使用者使手机的动机。

当被问及哪种功能使用时间长时，调查结果显示：在现在的大学生中，与使用手机打电话和发短信等的次数相比，为了维持社会性而使用手机的时间变长。这就说明，手机被当作通过微博或是网站等公开日常生活（朋友之间），访问朋友的个人主页等的工具而使用。

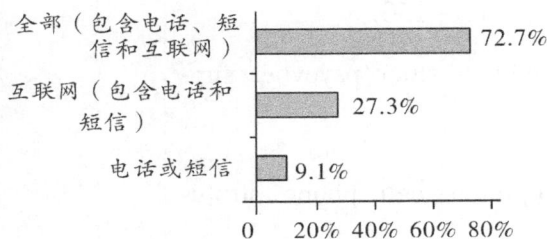

图4　手机用途比例

四、结语

通过调查，可以发现，在大学生中存在过度使用手机、依赖手机的现象，这些现象具有手机中毒的倾向。大学生在使用手机的时候，主要是为了社会交往，而不是基本的通信功能。大学生使用手机具有社会性、趣味性特点。即大学生常常为了维持人际关系而使用手机。也就是说，与其说手机形成了新的人脉网，还不如说为了和本来认识的人保持联系而使用手机（SNS、短信等）。另外，大学生还因兴趣和休息而使用手机，如上网获取新的信息，或者分享朋友间的日常生活上等。

参考文献

［1］林雄基．大学生手机中毒相关研究．韩国传媒学报，2003，47（2）：250－281.

［2］李仁希．大学生团体手机使用动机研究．韩国广播学报，2001，15（3）：261－293.

［3］张惠贞．手机中毒青少年团体的心理特征．韩国广播学报，2002，20（5）：111－150.

［4］http：//www. rider. edu/～suler/psycyber/supporgp. html .

［5］Kate, N. T. Public opinion：cell phone attutudes. American demogragraphics,1999（19）:32－50.

总评：

修改稿从题目、正文章节、结果论述等方面都突出了"调查"，更符合调查法研究报告的文体特点。对引用及标注上的不规范之处也进行了修改。参考文献保持一种写作格式，关键词的标点使用也修改为分号。

修改之后，条理更清晰，内容更紧凑，是一篇比较规范的调查论文。

三、毕业论文点评

韩语中的网络紧缩造词

崔起原

摘　要

为了追求经济、高效、快速地传达信息，人们在网络交流中经常使用紧缩造词，即把较长的语词缩短省略成短小的语词，也可以称作缩略语或简称。目前，韩国的青年人甚至在日常生活中也开始使用这样的网络词汇，给生活带来了巨大的影响，形成一种新的代沟。

本论文着力于研究韩语中的网络紧缩造词方式。共有五个部分：第一章引言部分介绍本文研究目的和必要性；第二章介绍紧缩造词的定义及作用，以及紧缩造词的形成动因；第三章分析紧缩造词的五大类型，解释各种类型的特点；第四章浅谈网络紧缩造词有何影响，最后结论部分进行总结。

通过对搜集到的网络紧缩词语进行分析，本文认为主要有五种紧缩造词的方式：组合方式、删除方式、合音方式、代替方式、初声方式。其中，组合方式是最常见的缩略方式，包括首字母＋首字母、首字母＋尾字母两种常用的基本方式。初声方式是只在网络语言中存在的缩略方式，最能体现网络词汇的特点。

关键词：紧缩造词；缩略语；网络语言；韩语

第1章　引言

　　本文将研究韩语网络语言中的紧缩造词（缩略语或简称）现象。随着网络的普及，网络语言迅速发展起来。为了追求速度、新奇以及满足表情达意的需要，网络新词不断产生，缩略就是其中一种非常常见的造词方式。在韩国，由于互联网使用者60%以上是青少年，他们不仅热衷于在网络上使用网络语，而且在生活、学习中也喜欢使用网络语言。而这些由缩略等方法造成的新词，并不为其他年龄段的人们所熟知，因此，青少年与其他年龄段人群之间甚至产生了一种新形态的语言障碍，这引起了人们对于韩语语法上的错误和青少年与大人之间的代沟问题的关注。

　　那么网络紧缩造词的类型和特点就是本文所关注的问题。

　　我们在韩国常用网络论坛上搜集到了114条紧缩词语，通过分析这些紧缩词语，对韩语中的网络紧缩词语进行分类，并分析其特点。

第2章　紧缩造词及动因

2.1 紧缩造词（缩略语或简称）的定义及作用

　　紧缩造词，韩语称为"줄임말"①，即"줄임"（紧缩）和"말"（语），也就是把两个词汇合起来造成的合成语，表示较长的原话缩短省略而造成的语词。但我们常常在网络上或日常生活中使用的"별에서온그대"是非词条，比如，2014年在中国流行的韩国电视剧《来自星星的你》，用韩语来写是"별에서온그대"，但韩国人一般不这么叫它而叫"별그대""，而且，在电视剧里出现的韩国食品"炸鸡啤酒"（치킨맥주"），韩国通常叫"치맥"，若要用汉语来缩略时，应该说"炸啤"。可这都是在韩语词典上没有收录的词条。词条就是

① 引自韩国网站'NAVER'，http://kin. naver. com/openkr/detail. nhn？ docId=211470。

"준말"①,指称把词汇的一部分紧缩而造成的形态。比如,"아이"(孩子)的缩略语是"애","조금"(一点)的缩略语是"좀","다음"(下次)的缩略语是"담","우리"(我们)的缩略语是"울"等,这都是韩语词典上收录的词条。

　　"줄임말"用汉语表示可以叫"缩略语"或"简称"。"缩略语"②,指为便于使用,比较长的语词因缩短省略而形成的语词,如选取词条中各个单词的首字母组成的大写词。比如,"政协"(中国人民政治协商会议和地方各级政治协商会议的缩略语);"彩电"(彩色电视机的缩略语)。还有,"简称"③指抽出原词语中的共同部分,或概括原来几个词语表示的事物的共性,然后加上一个数词组成。比如,"化学肥料"简称"化肥","土地改革"简称"土改","陆军、海军、空军"简称"三军"。

　　本文研究的是在韩语词典上没有收录的非词条。紧缩造词有两个作用,第一个作用是使用紧缩造词的人之间会产生一种亲密感和凝聚力。据题为"초등학생의82％，신조어 없이는 의사소통 불가능해"(韩国82％的小学生,若不用网络语言就不能沟通)④的一篇报道,韩国小学生们的网络语言使用率非常高,他们之间的凝聚力很强。因为使用只属于他们之间的语言,所以他们之间产生了一条特殊的纽带。利用网络语言来传递信息的时候,可以节约时间而更简便。比如,"너 휴대폰 번호뭐야?"("你的手机号码是什么?")这句话可以缩略成"너 폰번뭐야?"再看下面的例子:

---

① 引自韩国网站'NAVER',http://krdic.naver.com/detail.nhn? docid=35066400。
② 引自《百度百科·缩略语》,http://baike.baidu.com/view/408787.htm。
③ 引自《百度百科·简称》,http://baike.baidu.com/view/598856.htm。
④ 引自韩国网络新闻媒体,http://sem.gjkyocharo.com/board/contentsView.php? idx=780868&npg=21&spg=11。

A :지금 뭐 해?

（现在干嘛？）

B :나 열심히 공부 중이야.

（我正在努力学习呢。）

A :그래 열심히 공부 해라.

（好 努力学习吧。）

A :지금 뭐 해?

B :나 열공중.

A :그래 열공.

从这例子可以看出使用缩略语比原话更快、更简便。

2.2　紧缩造词的形成原因

语词的缩略是一种常见的语言现象，语言的经济性促使语言表达日益简便，紧缩造词既是生理上的需要，也是心理上的需要、社会的需要。

人的天性是追求便利，缩略可以满足生理的需要。发音是肌肉运动现象之一，肌肉的运动量减少便是发音的减少。人交流的时候，常常有不说也自然明白的、不重要的词汇，无意中也可以忽略发音或省略。比如说，"마음"这个词说得快的话，发音变成了"마음"，"맘"这个词就变成了"게으름"。另外，语言是受记忆的统治的，因此人们主观上就会要求语言简洁。"안전보장"变成"안보"（安保），"해양경찰대"变成"해경"（海警）。

语词的缩略也满足了人们尤其是年轻人的心理需要。年轻人的创造力和模仿力都很强，而且喜新厌旧，年轻人善于也乐于接受新鲜事物。另外，为了安全，人们愿意用别人不知道的符号来传递信息，缩略造词也就应运而生。

语词的缩略也可以满足社会的需要。当今的时代是信息时代，我们在学习或工作时，需要传递大量的信息，这些信息又是以字或话的方式来承载的。所以在交际的过程中，人们渴求在最短的时间内传递最大的信息量，这就是所谓的语言表达的经济性原则。缩略的方法正好能使用较少的语言来表达完整的意思，达到节省时间和空间的目的。

第3章　韩国网络紧缩造词的类型及特点

观察我们搜集到的当前韩国网络上人们使用的缩略语,可以把这些缩略语按照缩略的方式方法分为五大类型。第一种类型是从语词或短语中选出一个音节来组合造成缩略语的组合方式,第二种类型是删除语词的一部分造成缩略语的删除方式,第三种类型是把语词的发音合起来造成缩略语的合音方式,第四种类型是用不同成分的文字(数字、英语、汉字)代替韩语造成缩略语的代替方式,第五种类型是使用辅音造成缩略语的方式,韩国又把辅音称作初声,所以可称为初声方式。

本文仔细地分析一下这些类型的缩略语及特点。

3.1　组合方式

有一些形式比较复杂的语言单位因为常用,人们总想改造它们使之简化,于是省略其中的一些语素,把它们原先的意义凝缩到保留下来的那些语素的组合上,这种抽取某个词条中各个单词的字母组成词的造词方式叫作组合方式。

本文所调查的韩语中网络紧缩造词50%是使用组合方式造成的。按照组合后的缩略语的音节结构,这些紧缩语可以分为三个类型:双音节缩略语、三音节缩略语和多音节缩略语。

1. 双音节缩略语

两个音节结构的缩略语一般不仅在复合名词上产生,还产生于不同的词与词之间或一个短语上。先看一下复合名词的缩略语:

인강←인터넷 강의(网络教学)

프사←프로필 사진(头像照片)

먹방←먹는 방송(吃饭直播)

버정←버스 정류장(公交车站)

야자←야간 자율학습(晚自习)

생파← 생일 파티(生日派对)

其次是不同的词与词之间的缩略语：

엄빠←엄마와 아빠(妈妈和爸爸)

치맥←치킨과 맥주(炸鸡和啤酒)

아점←아침겸점심(早餐兼午餐)

最后是短语的缩略语：

볼매←볼수록 매력있다(越看越有魅力)

몰컴←몰래 컴퓨터 하다(偷偷地玩电脑)

심쿵←심장이 쿵 하고 내려앉다(心动、心跳加速，心脏怦怦)

2. 三音节缩略语

솔까말←솔직히 까놓고 말해서(开诚布公来讲)

지못미←지켜주지 못해서 미안해(没能遵守，对不起)

듣보잡←듣지도 보지도 못한 잡것(没听过没看过的)

금사빠←금방 사랑에 빠지는 사람(立马陷入爱河的人)

답정너←답은 정해져 있어 너는 대답만해(答案已经有，你直接说就行)

3. 多音节缩略语

장미단추←장거리 미녀 단거리 추녀(远看是美女，近看是丑女)

안물안궁←안 물어보고 안 궁금하다(我没有问过，也不想知道)

번달번줌←번호 달라면 번 호 줌? (如果我要你电话号码的话，你会给吗?)

낄끼빠빠←낄 때 끼고 빠질 때 빠져(该参与的时候参与，不该参与的时候别参与)

按组合时选择字母的方式，可以把组合方式分为两种：

(1)首字母 + 首字母。

在缩略的时候，选择每个词的首字母形成缩略语，例如"채금"是"채팅금지"的缩略语，表示对话已终止，不能再打字了，这个缩略语选择了

"채팅"(网络聊天)的首字母"채"与"금지"(禁止)的首字母"금",合起来造成缩略语。同样的例子还有:

　　도촬←도둑촬영(偷偷地摄影)

　　길막←길을 막는다(堵路)

　　깜놀←깜짝놀람(吓了一跳)

　　읽씹←읽고 씹기(潜水)

三音节结构的也是一样,"엄친아(딸)",即"엄마친구아들(딸)"的缩略语,表示妈妈朋友的儿子(女儿),形容什么都做得很好的人。"엄마"(妈妈)、"친구"(朋友)、"아들(딸)"[儿子(女儿)]的各个首字母合起来造成缩略语。例如:

　　키작남←키 작은 남자(个子矮的男人)

　　차도남←차가운 도시 남자(冷漠的都市男)

　　패완얼←패션의 완성은 얼굴이다(时尚的完成是脸蛋)

　　버카충←버스 카드 충전(公交车的卡充值)

　　갑툭튀←갑자기 툭 튀어나옴(突然出现)

　　별다줄←별걸 다 줄여(什么都缩略)

　　남(여)사친←남자(여자) 사람 친구[不是男(女)朋友就只是男(女)性朋友]

(2)首字母 + 尾字母。

有的缩略语是选择第一个词的首字母和第二个词的尾字母组合而成的,如"악플",是"악성리플"的缩略语,即恶意回帖。这个缩略语使用了"악성"(恶意)的首字母"악"与"리플"(回帖)的尾字母"리플",两个词的首字母和尾字母合起来造成缩略语。其他的例子还有:

　　귀척← 귀여운척(装可爱)

在多音节的结构中,有时候会混合使用"首字母 + 首字母"和"首字母 + 尾字母"的方式进行缩略。例如"근자감",是"근거없는자신감"的缩略,指没有根据的自信、盲目自信。这个缩略语是把"근거없는"(没有根据)的首字母和"자신감"(自信感)的首字母与尾字母合起来造成缩略语。其他的例子还有:

자소서← 자기소개서(自我介绍书)

극비라← 극비밀리(绝对秘密地)

3.2　删除方式

造成"줄임말"的过程中最基本且最重要的手段就是省略掉原有的一些词素。我们把直接删除原语的后段部分造成缩略语的方式叫做删除方式。比如,"재방""본방""생방"分别是"재방송(重播)""본방송(首播)""생방송(现场直播)"的缩略语,其缩略的方法都是删除了后段词素"송"。其他的例子还有:

비추← 비추—천(非推荐)

물냉← 물냉—면(汤冷面)

서울대← 서울대—학교(首尔大学)

팀플 ← 팀플—레이(协作)

뉴페← 뉴페—이스(新面孔,新职员)

안물 ← 안물—어봄(没问过)

3.3　合音方式

合音方式的缩略是指由于说话速度快无意中忽略某个音素的发音或者故意省掉某个音素的发音而造成不该在一起拼的音拼合在一起。比如"갠전"的缩略词"개인전","개인전"这个词快读的话,"인"中"이"的发音被忽略,只剩下收音"ㄴ",而"ㄴ"再跟前面的"개"合起来,变成"갠",形成缩略语"갠전"。有些合音造成的缩略在日常生活中很常见,比如:

갠전 ← 개인전（个人赛）

폰겜← 휴대폰게임（玩游戏）

갠소 ← 개인 소장（个人收藏）

출첵 ← 출석체크（出勤点名）

在网络语言中合音也很常见，下面的例子也是发音合起来造成的网络缩略语：

걍← 그냥（就那样）ㄱ+ㅑ+ㅇ

글고 ← 그리고（还有）ㄱ+ㄹ

쌤← 선생님（老师）ㅅ+ㅐ+ㅁ

3.4　代替方式

随着社会经济和通信技术的高速发展，国家之间可以随时沟通，韩国人把外来语和外国语随意混用。因此在缩略语领域也产生了与其他文字混合造词的现象，这些其他文字（汉字词、英语词、数字）代替韩文造成缩略语的方式叫作代替方式。比如，"광클"是"미치도록 클릭하다"——汉语"疯狂地点击"的紧缩，是用汉字词"狂"［광］代替韩语"미치도록"，造成的代替方式的缩略语。

按代替的文字形式的来源，代替方式的缩略有三种方法，第一种是英语词代替韩语造成的缩略，第二种是汉字词代替韩语造成的缩略，第三种是数字代替韩语造成的缩略。

1. 英语代替韩语

노잼←"재미없다"（没有意思）

英语"NO"与韩语"노"发音相同，这个例子就是用英语"NO"代替韩语中的否定形式"없다"，在形式上写成"노"和前面的"재미"合音后形成缩略语"잼"。

노답←"답이없다"（没有答案，没办法）

这个例子也是用英语 NO 代替韩语"없다"，然后用发音相同的"노"代替 NO 后，再和韩语"답"组合形成缩略语。

빼박캔트←"빼도박도못하다［can't］"（左右为难）

在这个例子中，先用"can't"代替"못하다"，然后用发音相同的"캔트"与"빼도박도"中提取的"빼박"组合成缩略语。

초딩，중딩，고딩 ← "초등학생，중학생，고등학생"（小学生、中学生、高中生）

这几个例子是用"ing"代替原来的"학생"（学生），然后"등"和"ing"的音合起来变成"딩"，再与前面的"초（初）、중（中）、고（高）"组合，表示"正在上学的（初、中、高等）学生"。

2. 汉字代替韩语

냉무←"내용없음"（没有内容）

这个缩略语是用汉字词"无"（韩语读音是"무"）代替韩语"내용"，然后与"없음"（内容）的合音"냉"组合起来形成的。

광클←"미치도록 클릭하다"（疯狂地点击）

这个缩略语是用汉字词"狂"（韩语读音是"광"）代替韩语"미치도록"，然后和"클릭"（点击）合起来形成的。

득템←"아이템을얻다"（得到好的东西或者免费得到好的东西）

这个缩略语是用汉字词"得"（韩语读音是"득"）代替韩语"얻다"，然后跟英语"item"（与韩语"아이템"发音相同）合起来形成的。

3. 数字代替韩语

힘내3（"힘내삼"）←"힘내십시오"（加油吧）

这个缩略语是数字"3"代替发音相同的韩语的语气词"삼"，然后跟韩语"힘내"（加油）合起来形成的。

1 도모르겠다←"하나도모르겠다"（一个也不知道）

这个缩略语是数字"1"代替发音相同的"하나"，然后跟韩语"모르겠다"（不知道）合起来形成的。

3.5 初声方式

韩国缩略语的第五种,是使用初声方式。韩语的字母分别代表辅音和元音。辅音又叫子音,如"ㄱ""ㄴ""ㄷ""ㄹ""ㅁ""ㅂ""ㅍ""ㅍ""ㅈ""ㅊ""ㅋ""ㅌ""ㅍ""ㅎ",元音又叫母音,如"ㅏ""ㅐ""ㅑ""ㅒ""ㅓ""ㅔ""ㅕ""ㅖ""ㅗ""ㅘ""ㅙ""ㅚ""ㅛ""ㅜ""ㅝ""ㅞ""ㅟ""ㅠ""ㅠ""ㅗ""ㅢ""ㅣ"。韩语中又把辅音称作"初声"。韩国青少年为了快速打字会使用初声来与别人沟通。比如,在2000年出现的"ㅇㅇ",即"응응",意思是指"知道了,好的"。这种缩略是把某一个词语的辅音以外的母音全部去掉形成的,再比如,把"수고"(辛苦)这个词的母音"ㅜ""ㅗ"去掉,只剩下辅音"ㅅ""ㄱ"的话,就形成了初声缩略语。与其他缩略方式不同,初声方式的缩略语只能在网络上使用,不能在日常生活对话中使用。其他例子如:

ㄱㄱ ← 고고[가자](去,去吧)

ㅇㄷ ← 어디(在哪儿)

ㅁㅎ ← 뭐해(干什么?)

ㅈㅅ ← 죄송(对不起)

ㄱㅅ ← 감사(谢谢)

ㄴㄴ ←노노[아니](不是)

以上由组合方式、删除方式、合音方式、代替方式、初声方式形成的缩略语,与原来的全称词语相比,最突出的特点就是形式简短,内容明确、丰富,压缩信息能力强。虽然词语、音节的数量变少,但内涵并没有改变,反而更加言简意赅。尤其是现在,人们的生活节奏加快,交流的信息量也随之增加,而缩略语以其精练简洁的形式使人们在最短的时间获得最大的信息量,从而有效地增强词汇的表现力。

但是,缩略语在交流上也有局限性。现在人们常用的网络紧缩造词一般是由青少年创造的,一开始只有青少年才能明白,其他年龄的人听不明白他们使用的缩略语。所以,缩略语只有小团体内的人才明白,类似于"黑话"。缩略语的交流局限性特点,能使小团体成员之间产生凝聚力和纽带感,但也正因如此,又产生了青少年与成年人之间的代沟问题。

第4章 结语

本文通过搜集整理网络上比较通行的一百余条韩语网络紧缩词,按照紧缩时使用的方式方法把这些紧缩词语分为五种类型:组合方式、删除方式、合音方式、代替方式、初声方式,其中初声方式是网络语言中特有的紧缩方式,组合方式是最常用的缩略方式,合音方式是在紧缩过程中语音形式也发生紧缩的方法,代替方式体现出当代社会各种语言频繁接触和相互影响。

每个国家可能都存在自己独有的缩略语,虽然这些缩略语的构成好像都不一样,但是全世界,缩略语本身表示的意义可能是相同的,都是因"简便"而产生的。使用缩略语我们可以感到一种乐趣。目前,在韩国除了互联网以外,电视广播、报纸杂志、无线电等各种媒体上都频繁使用缩略语,尤其是电视综艺节目,常通过使用缩略语来娱乐观众,提高收视率。同时,通过这些媒体又创造、流行新的缩略语。这种现象引起了韩国社会的极大关注,反对者强调使用缩略语带来了韩国社会上的代沟问题和韩语语法上问题。缩略语带有排他性,给喜新厌旧的青少年和其他年代成员间造成沟通问题。这样的代沟问题引起了人们对继承韩国固有淳风美俗问题的讨论。语言包含国家的固有文化,韩国是东方礼仪之国,韩国人有彼此谦让、不好争斗的良好风俗,而且非常注重礼节,对待长者的礼仪、家人之间的礼仪、朋友之间的礼仪等都十分明确,代代相传。因此,韩语中敬语尤其发达。可是韩语中的网络紧缩造词完全没有"礼仪"的概念。缩略语的过度使用给精神上还没成熟的青少年带来文化方面的严重问题。而且缩略语也容易使学习韩语的外国人对韩国固有的语言和文化产生误解。

随着社会的发展,语言发生变化是不可避免的,是否使用缩略语是个人的选择,本文只希望通过分析了解缩略语,为缩略语的理解找到一个好的方向。

参考文献

[1]李明花. 关于韩国语缩略语的研究. 吉林华侨外国语学院学报，2014（2）。

[2]张光军. 韩国语中的汉字词缩略语. 汉语学习，2006（2）。

[3]郑阳寿. 中韩缩略语比较. 汉语学习，2010（3）。

[4] 강흔. 중국인학습자를위한줄임말에대한대조 연구——한국어줄임말과略语대조. 2015，경희대학교 석사학위논문。

点评：

这篇论文选择对网络语言中的缩略语进行研究，选题既是传统的词汇研究，又紧跟现实生活，切合年轻人的语言生活实际，比较容易创新，是一个比较好的选题。

论文搜集了 114 条韩国年轻人在网络聊天中经常使用的缩略语，按照缩略的方法分为五大类，并对每种类型的缩略过程进行了比较细致的分析。论文有创新，论述比较充分，条理清楚，写作比较规范，语言比较流畅，是一篇比较好的留学生本科毕业论文。

论文的不足之处在于，缺少文献综述，在理论探讨方面也比较缺乏。

课后实践：论文修改及发表

小论文第六步：根据同学、老师的反馈，以及个人对材料和观点的反思，进一步修改完善论文。并积极尝试到期刊杂志上投稿以求发表。

论文是修改出来的，在不断修改的过程中，对自己的材料、观点不断重新思考、整合，使其在逻辑上更清晰、更有条理、更有说服力。

公开发表是学术研究的一个必要环节，"未经公开发表的研究成果对于一项研究来说是不完整的"。毕业论文（学位论文）在提交到学校图书馆的那一刻，就是已经公开发表了，可以被其他同行检索阅读引用。而向专业研究期刊投寄论文是发表普通论文成果的最常见的一种形式。每一项用心研究的成果都具有发表的可能性。在投稿前，作者需要仔细阅读目标期刊对于投稿的要求，比如字数、论文的组成部分、摘要的写作形式、参考文献的格式、投稿的方式等，由于各刊物的要求大都不一致，因此，在投稿前务必按照各刊物的"来稿须知"调整好格式。

附录　部分练习参考答案

第一课　认识学术论文

练习3

提示：比较类文章，可以先分别对比较对象单独进行分析说明，然后比较异同；也可以分各个方面依次来说明比较双方在这些点上的异同。

练习4

提示：

（1）中韩网络聊天语言比较研究

这个题目不仅对于课程论文来说，即使是一篇学位论文也太大了，需要进一步缩小范围；另外，这个题目中的"网络聊天语言"不是专业词汇，可以改成"网络语言"。在缩小范围的时候，可以对网络语言的某一方面进行研究，比如一位同学的本科学位论文题目是"汉韩网络缩略词研究"，再如"网络语言中🙂的语用功能研究""中韩网络语言中的招呼语比较研究"等。

（2）中国网络管理法规的发展

这个题目试图对中国的网络管理的发展过程进行梳理，对于一篇课程论文而言，也是太大了。可以进一步限制其范围，例如可以限制一下具体领域："中国网剧管理法规的发展"。

（3）《新实用汉语课本》教材研究

这个题目即使写学位论文也太大了：一方面，《新实用汉语课本》是个系列教材，一共有六册，而且这部教材有很多版本；另一方面，对教材的研究只是泛泛而谈，没有研究焦点。所以需要尽可能地缩小范围，落实到一个具体内容上，例如"《新实用汉语课本1》（第二版）英文注释研究"，这样的题目才有可操作性。

（4）美国与日本管理形式比较

这个题目的问题也是过于宽泛，可以就研究领域进一步限制，例如"美国与日本应急管理制度比较"。

（5）红楼梦

这个题目存在很多问题：第一，"红楼梦"已经是一部书的名字，不能用书的名字作为自己研究成果的名字，也就是说，研究对象的题目不能做论文的题目。第二，关于《红楼梦》的研究领域、研究课题非常丰富，这个题目没有一个具体可操作的研究焦点。需要对研究范围进行非常具体的限制，例如"《红楼梦》菜名研究"。

第二课　引言写作1

练习1

（1）本　该　（2）该　本　（3）其　其　该

练习3

提示：

（1）这个引言的第一句话是从"公示语"开始引出"警示语"这个关键词的，这种叙述方式，"警示语"是作为一个新信息提出来的。但是标题"中韩英警示语比较"中已经出现了"警示语"，所以最好将"警示语"作为旧信息出现，放在句子中的话题或主语的位置上，如："警示语是公示语的一个类型，是……的特殊公文文体"。

（2）这个文章的标题是"电影《无间道1》和《신세계》（《新世界》）中卧底警察形象比较"，关键词有"电影《无间道1》""电影《신세계》（《新世界》）""卧底警察"。引言部分从"看电影"开始切入，从"看电影"到"警匪片"再到"韩国"再到"《신세계》（《新世界》）"，这个背景介绍绕得太远了。可以直接从"警匪片"切入，或者直接从这两部电影切入。如："警匪片是人们喜闻乐见的电影类型，中国的《无间道1》和韩国的《신세계》（《新世界》）都是这样的商业大片。"

练习4：

（1）BDCA　　（2）BDCAEF

练习6：

［1］李艺. 宙斯与盘古：中西创世神话之比较［J］. 广西民族学院学报（哲学社会科

学版），2001（6）.

　　[2] 吴石梅. 英汉颜色词"red"与"红"文化内涵比较探析[J]. 鸡西大学学报，2009（4）.

第三课　引言写作2

练习1

（1）对于这项政策，有些人高呼万岁，有些人则不屑一顾。

（2）这篇文章太长，另一篇则太短。

（3）这种情况的存在对各方都不利，一则打击了研究者的研究热情，二则从此堵死了普通人的上升渠道，三则国家的利益也因此受损。

（4）各校都投入了很多人力，多则上百人，少则几十人。

练习2

（1）报告已经打上去了，尚不知道结果。

（2）目前我尚未见到这方面的材料。

（3）大家对于这个问题尚未达成一致的看法。

（4）到目前尚未提及这个问题。

（5）到底有什么副作用，现在尚不明确。

练习5

（1）错误。应改成：江敏（2009）对母语为俄语者在使用"是"字句时产生的偏误进行了分析。或者：江敏在《对外汉语的"是"字句偏误分析》（2009）中对母语为俄语者在使用"是"字句时产生的偏误进行了分析。

（2）正确。

（3）错误。应改成：刘珣（2000）提出在编写教材时应该遵守"五性"，即针对性、实用性、科学性、趣味性和系统性。

练习6

石毓智. 汉语研究的类型学视野[M]. 南昌：江西教育出版社，2004.

练习 7

示例：

还不多，对于韩汉社会新闻标题的翻译问题的研究更为少见

练习 8

示例：

电影《无间道 1》和《신세계》（《新世界》）中卧底警察形象比较

《无间道 1》和《新世界》都是轰动一时的商业大片，也都有很好的口碑，《新世界》在韩国公映的同时也引进到了中国，但是中国国内对于《新世界》的研究几乎为零。相反，对《无间道 1》的研究有很多。我们以"无间道"为关键词在中国学术期刊网上搜索，共有 434 条结果，14 篇是学位论文。其中有进行比较的（如比较《无间道 1》与《无间道风云》），但更多的是探讨《无间道 1》的叙事方式、音乐等电影技巧及呈现出来的人性等内容，对于主人公的人设，很少有专门的研究，尤其是与同类电影《新世界》的比较更是缺乏。

第四课　引言写作 3

练习 1

（1）本文将对近一年的数据进行分析，以说明这个项目的影响力。

（2）本文拟对中国饮食文化进行分析。

（3）全部军队都被派过来，以期给对方加大压力。

（4）本研究从定量的角度对女性的择偶标准进行研究，以期获得某些量化的结果。

（5）其他词语也要相应变化，以保持风格上的一致。

（6）下面我就这个问题谈谈我的个人看法。

（7）本文拟（通过）举例进行比较，以便更加明确它们在生活中的应用。

练习 2

（1）科技的发展，使人们的生活发生了重大变化。

（2）两国关系的恶化，使老百姓的生活遭了殃。

（3）这本书的出版，使老王成了名人。

（4）这件事情的发生，使人们开始重新思考这种生活方式。

（5）留学生数量的越来越多，使教材成了一个问题。

练习 5

（1）［7］孔凡娣. 留学生本科毕业论文统计与分析——以中国人民大学文学院为例［D］. 北京：中国人民大学，2015.

（2）对于英语专业本科毕业论文的质量问题，我国外语界的广大专家学者也格外关注并就此进行了不少有益的研究，如宋飞[1]、刘新民[2]、穆凤英[3]、覃先美[4]、余曼筠[5]、王淑云[6]、孔凡娣[7]等。

练习 6

（1）本文拟对中国与越南的除夕文化进行比较。

（2）本文旨在从对外汉语专业的实际出发，对对外汉语专业本科论文的写作进行探讨。

练习 7

（4）（6）（3）（2）（1）（5）

练习 8

示例：

中韩英警示语比较

警示语是公示语的一个种类，它是以大众为受众、以实现某种警示或者禁令为目的的特殊公文文体。警示语的使用范围特别广泛，可以说涉及人们日常生活的各个领域，例如：交通、旅游、购物等。由于不同民族、不同文化的影响，各种语言中警示语在语言形式、语言策略上都有不同，这些不同，很容易使人产生误解或者在翻译的时候出现错误。因此，当人们身处异文化时，如何正确把握和解读异文化中的警示语是不可忽视的问题。现有的研究中虽然对汉英两种语言的警示语有一定的研究，但是对韩汉、韩汉英语言中的警示语的对比分析比较缺乏，本文通过田野调查，收集了在中国和韩国境内出现的一百多条警示语，通过分析语言结构、语言策略、文化底蕴等对韩语、汉语和英语这三种语言中的警示语进行比较研究。

第六课　比较论述

练习1

（1）把这些陈述句改为疑问句。

（2）简单地把学习成绩规定为标准的评价体系最终会被舍弃。

（3）其中以作者的自画像最为珍贵。

练习2

（1）张三，出生于北京，毕业于中国人民大学。

（2）今年的经济增速明显高于去年。

（3）学习的进步得益于好的学习方法。

练习3

即　为　于　为　为

练习4

（1）西方悲剧要求悲剧主人公一般是英雄伟人贵族式的人物，而中国的悲剧角色一般具有弱小善良的特征。

（2）对于一些外来词，普通话里从来就没有音译词，一直是意译词，而香港话则大多是音译词，香港的音译词远远多于普通话。

（3）西方创世神话中创世的过程很轻松，相比之下，中国境内的创世神话创世的过程常常很艰难、很痛苦。

（4）汉语、日语均有敬语表达方式。

（5）A 国的应急处理方式跟 B 国的有异曲同工之妙。

练习5

（3）（2）（4）（1）

第七课　结语写作

练习1

（1）到达北京

（2）上面的字难以辨认

（3）我国政府出于同样的考虑，认为不宜前往。

（4）他经过考虑，做出了一个旁人无法理解的极其危险的决定。

（5）中西创世神话差别明显。

练习 2

比较 对比/比较 造成 差异 影响 伤害

练习 3

增长 造成 迟缓 影响 运用

练习 4

（2）（4）（1）（5）（3）

练习 5

从本文的研究可以发现 最为重要 另一方面 有所上升 呈现出 也说明了 逐渐跃升为

练习 7

提示：主要问题是把结语写成了感想。

第八课 参考文献与引用

练习 1

改为：

（1）伊万. 美国与俄罗斯、乌克兰等大学中文课程比较研究［D］. 济南：山东师范大学，2014.

（2）刘珣. 汉语作为第二语言教学简论［M］. 北京：北京语言文化大学出版社，2002.

（3）任瑚琏. 乌克兰汉语教学的现状与发展［C］//《第九届国际汉语教学研讨会论文选》编辑委员会. 第九届国际汉语教学研讨会论文选. 北京：高等教育出版社，2010.

（4）刘颂浩. 第二语言习得导论［M］. 北京：世界图书出版公司北京公司，2007.

练习 2

（1）错。应改为：根据国家汉办对公派汉语教师的介绍，目前，国家公派教师岗位共计 357 个，遍布美洲、欧洲、亚洲、非洲、大洋洲的 92 个国家。[1]

（2）错。应改为：伊拉（2012：5－6）详细介绍了乌克兰第聂伯彼得罗夫斯克大学中文课程。

（3）错。"吕必松（1993）的《对外汉语教学概论讲义》"应改为："吕必松的《对外汉语教学概论讲义》（1993）"或者："吕必松（1993）"。

（4）错。"杨庆华（1995）。"应改为"（杨庆华，1995）"。

练习 3

（1）（Swales，1990；徐昉，2012）。

（2）余国良（2007）　Bloch 和 Chi（1995）　（余国良，2007）　（Davis，2013）。

练习 4：

①C　②B　③D　④A

练习 5

［1］老舍．关于文学的语言问题［M］//出口成章．北京：作家出版社，1964：45－47．

［2］老舍．我怎样学习语言［M］//出口成章．北京：作家出版社，1964：76－78．

练习 6

（1）[2]77　　[1]45

（2）（老舍，1964：77）　　（老舍，1964：45）

第九课　调查法与调查设计

练习 1

（1）我们一共调查了 120 人，其中男生 50 名、女生 70 名，他们都是实验二中的学生。

（2）我们的调查从 10 月 1 日开始，到 12 月 1 日，一共花了两个月的时间。共发放问卷 300 份，收回 267 份，有效答卷 250 份。

练习2

（1）近年来，这些颜色词广受欢迎。

（2）只要略加修饰，就能得到很好的效果。

（3）这样一来，公司的地位就更为巩固了。

（4）有这种想法的人还颇多。

练习6

示例：

为了更好地研究我国留学归国人员就业现状，××大学联合 H 有限公司于 2016 年 3 月至 7 月进行了一次问卷调查。调查对象主要面向回国发展的各类留学归国人员。通过问卷所设置的问题，希望获得原始数据，对职业发展提供建议。

第十课 统计分析

练习1

示例：

从年龄分布来看，被调查者多数（66.2%）是 26～35 岁的年轻人，其次是 25 岁及以下，占到了总数的 29.1%。另外还有 2.9% 的被调查者年龄在 36～45 岁、1.8% 的被调查者年龄在 46 岁及以上。

练习2

示例：

积极（数量多）的表述：在 100 个小区名中高达 40 个小区名字里有"园"或"花园"。

消极（数量少）的表述：在 100 个小区名中仅有 40 个小区名字里有"园"或"花园"。

练习3

使用情况 增高 趋势 使用 少/减少 少/减少 少/减少

练习5

示例

社区老年人生活质量影响因素的调查

一、引言（或：调查基本情况）

为了深入了解影响社区老年人生活质量的因素，为社区及家庭采取正确措施帮助老年人提高身心健康水平和生活质量，实现社会健康老龄化提供依据，2003 年 6 月至 2004 年 5 月我们运用"生活质量综合评定问卷调查表"，从广东省东莞市 2 个社区随机抽取了 127 名老年人，对其生活质量进行了调查。这 127 名老年人，年龄在 60～90 岁，其中男性 81 名，女性 46 名。

我们采取了入户问卷调查方式。问卷调查表包括两个部分，第一部分是包括性别、年龄等 10 个因素在内的基础信息；第二部分是生活质量评定的具体内容，包括躯体功能、心理功能、社会功能、物质功能。共发出 127 份调查表，收回 127 份，调查合格率 100%。

二、统计结果

调查结果显示，在 10 个基本信息中，性别、配偶、居住情况等因素对老年人的生活质量有比较明显的影响。下表是这三个因素下老年人生活质量各方面的得分情况：（表略）

1. 性别因素

从上表可看出老年人的性别与生活质量的关系：男性的躯体功能是 72.2 分，心理功能是 82.8 分，社会功能是 77.4 分，物质功能是 78.4 分，总体是 56.4 分。而女性的躯体功能是 64.6 分，心理功能是 73.3 分，社会功能是 68 分，物质功能是 76.2 分，总体是 53.1 分。男性老年人在每个方面的得分都要比女性高，尤其是心理功能和社会功能，男性与女性的差别高达 9 分，有非常明显的区别。显然，性别与老年人的生活质量有一定关系，男性的老年生活质量普遍要比女性的生活质量高，总体评价男性比女性足足多了 3.3 分。

男性老年人比女性老年人在身体条件上显然更强壮一些，而且男性更喜欢参加社交活动，心思也比较少多愁善感，所以尽管男女在物质条件上差别不大（仅差 2 分），但是总体上看，男性老年人生活质量要比女性老年人高。

2. 配偶因素

从统计结果可以发现，老年人有没有配偶和生活质量有密切的关系：在躯体功能方面，有配偶的人比没有配偶的人的得分高了 9.4 分，也就是说，有配偶的老年人身体会更强壮一些。在心理功能方面，有配偶的人比没有配偶的人多了 9.8 分，显然，有配偶的老年人心理方面更健康。在社会功能方面，有配偶的人也比没有配偶的人高了 8.9 分，说明有配偶的老年人更喜欢与人交往。还有一个非常值得注意的地方是，在物质功能方面，有配偶的老年人比没有配偶的老年人足足高了 10.2 分！也就是说，有配偶的老年人物质方面更加富裕。可见，有没有配偶和老年人的生活质量密切相关：无论是物质生活方面，还是身体健康、心理健康以及社交活动方面，有配偶的老年人都远远优于没有配偶的老年人。

3. 居住因素

从上表也能看出，是否与家人一同居住和老年人的生活质量也关系密切：有家人一起居住，老年人的躯体功能平均为 70.3 分，而独自居住的老年人只有 57.5 分，足足高了 12.8 分，同样的差距还表现在心理功能上，有家人同居的是 89.8 分，无家人同居的只有 76.2 分，相差 13.6 分。而在社会功能、物质功能上没有明显的差别。可见，是否与家人同居，对老年人的物质条件和人际交往影响不大，但是对老年人的心理和生理有非常大的影响。这可能是因为，有家人同住，老年人会在生活上得到更多的照料，老人能得到更多心理和生理上的关爱，这些大大提高了老年人的生活质量。

三、结论

通过调查，我们发现：在考察的 10 个因素中，性别、配偶、居住情况是影响老年人生活质量的重要因素。男性、有配偶、跟家人一起居住的老年人普遍得分比较高，生活质量更高。相反，女性、无配偶、独居的老年人普遍得分比较低，生活质量更低。

这次调查结果给我们的启示是：多关注老年人的生活，尤其是女性老年人，给她们更多的关心和爱护。而家人拿出更多的时间与老人相伴，是提高老年人生活质量的最佳途径。

第十一课　摘要写作 1

练习 1

访问朋友　尊贵的客人　我已经　千万不要　还没有　光荣地获得

练习 2

并未消失　应有的礼仪　毫不相符/全然不符　可谓

练习 3

示例：

尊敬的老师：

　　您好！我们是××大学××学院的学生，想利用课余的时间对高校"本科生导师制"的实施情况、尚存问题进行调查。不知您能否抽点时间帮着做一下问卷？万分感谢！

　　调查问卷的地址是：……请您点开填写，若您对这个问卷有任何意见或建议，非常欢迎您给我们指出！

　　在此，衷心祝您万事如意，阖家幸福！

张三　李四

2016 年 3 月

练习 4

提示：主要问题是把摘要写成了引言，有口语化表达。

练习 5

（2）（4）（1）（3）（5）

第十二课　摘要写作 2

练习 1

示例：

（1）上述调查结果表明，民众对死刑的总体态度与对具体案件中的死刑的态度之间，存在着一定/某些/相当大的差异。

（2）我们可以发现，死刑观念在不同的人群中存在较为明显的差异。

（3）死刑民意与民众对死刑现状的认识之间存在一定关系。

（4）服刑人员中约有 19% 的人主张完全废除死刑。

（5）我们的研究成果在一定程度上反映出了最新进展。

（6）这项研究将在一定程度上推动学科发展。

练习 2

提示：

（1）这个摘要的主要问题是写成了引言，还进行了分段。

（2）这个摘要的主要问题是写成了引言，而且口语色彩比较浓。

（3）这个摘要主要介绍了文章的框架，缺主要观点。

练习 3

提示：

（1）所选关键词的问题是：多为普通名词，所覆盖意义过泛。

（2）所选关键词的问题是：不准确。

第十三课　学术论文的语体

练习 1

CABEDF

练习 2

提示：

从使用平台上看：大多数使用中国本地的服务器，例如 163 邮箱、新浪邮箱等。

从邮箱名的命名手段上看：

①大多采用"字母+数字"形式：

a. 字母来源：英文名、发音；

b. 数字来源：生日、年月、幸运数字或喜欢的数字。

②一些比较随意，使用键盘上连续的几个字母。

参考文献

［1］冯胜利，胡文泽．对外汉语书面语教学与研究的最新发展［C］．北京：北京语言大学出版社，2005.

［2］冯幼民．高级英文写作教程：论文写作［M］．2 版．北京：北京大学出版社，2016.

［3］郭本立，汪洋，杨小勇．简明英语专业毕业论文写作教程［M］．广州：暨南大学出版社，2016.

［4］李泉．国际汉语教学探讨集［C］．北京：北京语言大学出版社，2017.

［5］全国文献工作标准化技术委员会．科学技术报告、学位论文和学术论文的编写格式：GB7713—87［S］．北京：中国标准出版社，1987.

［6］全国文献工作标准化技术委员会．信息与文献　参考文献著录规则：GB/T 7714—2015［S］．北京：中国标准出版社，2015.